ULLSTEIN

Die Autorin

Louise L. Hay begann ihre Arbeit, als sie bei der Selbstheilung ihrer eigenen Krebserkrankung erfuhr, welche Bedeutung eine positive Lebenseinstellung für den Heilungsprozess haben kann. Ihre ersten Bücher stellten in den achtziger Jahren eine Revolution für das Selbstverständnis von Aids- und anderen Schwerstkranken dar. Seitdem hat sie mit ihrer Methode der positiven Selbstbeeinflussung mehr als 50 Millionen Menschen in über 30 Ländern der Welt geholfen. Um ihr Werk ist mit Hay House ein eigener Verlag entstanden, der heute in den USA zu den wichtigsten Vorreitern alternativer Gesundheitslehren und eines neuen humanen Umgangs mit menschlichen Problemen gehört. Ihr Name wurde zum Synonym für die Aktivierung von Selbstheilungskräften zur Unterstützung jeder ärztlichen Therapie. Sie lebt in Kalifornien.

Von Louise L. Hay sind in unserem Hause erschienen:

Gesundheit für Körper und Seele
Wahre Kraft kommt von Innen
Die Kraft einer Frau
Das große Buch der heilenden Gedanken
Die innere Ruhe finden

Louise L. Hay

Das große Buch der heilenden Gedanken

Mit Texten aus den folgenden Einzelbänden
zusammengestellt von Thomas Görden:
Du selbst bist die Antwort
Die innere Ruhe finden
Meditationen für Körper und Seele
Hoffnung geben – Liebe finden
Liebe das Leben wie dich selbst

Ullstein

Besuchen Sie uns im Internet:
www.ullstein-taschenbuch.de

Ullstein Esoterik
Herausgegeben von Michael Görden

Aus dem Amerikanischen übersetzt von Thomas Görden

Umwelthinweis:
Dieses Buch wurde auf chlor- und säurefreiem Papier gedruckt.

Ullstein Verlag
Ullstein ist ein Verlag der Ullstein Buchverlage GmbH.
Neuausgabe
1. Auflage August 2004

Umschlaggestaltung: FranklDesign, München
Titelabbildung: Shivananda Ackermann
Gesetzt aus der Palatino
Druck und Bindearbeiten: Ebner & Spiegel, Ulm
Printed in Germany
ISBN 3-548-74095-2

Inhalt

Teil Eins

Teil Eins

Alter

Ich bin im
richtigen Alter
und strahle
ewige Jugend aus.

Alt zu werden gehört zu unseren größten Ängsten. Diese Furcht hat inzwischen eine solche Intensität erreicht, dass wir, statt uns von ihr zu befreien, unseren Alterungsprozess damit regelrecht beschleunigen. Statt sich dafür zu hassen, dass Sie älter werden, sollten Sie für die Fältchen der Reife dankbar sein. Sie enthüllen die Schönheit und Weisheit eines voll gelebten Lebens und die Freude daran, die Bedeutung der Liebe zu entdecken.

Wenn Sie verzweifelt versuchen, sich an Ihre Jugend zu klammern, wird der daraus resultierende emotionale Stress die Faltenbildung nur beschleunigen. Nehmen Sie sich die Zeit, sich selbst als heil und gesund zu visualisieren. Ihre Vorstellungskraft ist eine größere Gabe, als Sie ahnen. Wenn Sie ständig vor dem Spiegel stehen und an sich nach Zeichen des Alterns suchen, werden Sie gewiss welche finden. Wenn Sie hingegen Ihre Zeit damit zubringen, die Freuden, die das Leben Ihnen schenken kann, zu genießen, werden Sie gar nicht dazu kommen, sich Sorgen zu machen. Dann wird Ihr Äußeres viel länger jugendlich bleiben. Die Fältchen der Liebe und des Lachens sind selten von Dauer, aber immer schön.

Liebe Louise,
ich bin neunzig Jahre alt und stolz darauf, noch bei recht guter Gesundheit zu sein. Ich war ein guter Handballspieler und habe diesen Sport erst vor sieben oder acht Monaten aufgegeben, als ich ernste Probleme mit meinem linken Bein und meinen Zähnen bekam. Seither leide ich auch unter Sprachschwierigkeiten. Ich schrieb diese Beschwerden dem Stress und der körperlichen Gebrechlichkeit zu, unter denen alte Menschen zu leiden

haben. Vor fünf Jahren verlor ich meine Frau. Wir waren dreiundsechzig Jahre verheiratet. Vor allem aber machen mir tief sitzende Schuldgefühle zu schaffen, über die ich bislang mit niemandem gesprochen habe.

Ich bin von drei Ärzten untersucht worden und sechzig Tage zur Krankengymnastik gegangen, doch das hat mir nicht weitergeholfen. Ich wollte wissen, was die Ursache für meine körperlichen Beschwerden ist, doch die Ärzte konnten es mir nicht sagen.

Nach der Lektüre Ihres Buches Gesundheit für Körper und Seele, *in dem die Bedeutung von Liebe und Freude hervorgehoben wird, setzte ich mir das Ziel, hundert Jahre alt zu werden, so Gott will. Dazu brauche ich die Unterstützung durch Ihre Lehren. Ich fühle, dass ich meine Gesundheit in kurzer Zeit zurückgewinnen könnte, wenn ich an einem von Ihnen geleiteten Seminar teilnehmen könnte. Ich bin dankbar für jeden Rat.*

Louises Antwort:
Ich möchte Sie ermutigen, Ihr Leben energisch anzupacken und aktiv nach Freude, Frieden und Verständnis zu streben. Die Frau zu verlieren, mit der man dreiundsechzig Jahre das Leben geteilt hat, ist eine schwere Prüfung.

Es ist wichtig, dass Sie Sinn in Ihrem Leben finden, eine Aufgabe, damit Sie sich jeden Tag darauf freuen können, sich dieser Aufgabe zu widmen. Möglicherweise besteht diese Aufgabe einfach darin, sich um die Pflege Ihrer gegenwärtigen zwischenmenschlichen Beziehungen zu kümmern. Haben Sie Kinder und Enkelkinder? Welchen Interessen sind Sie in früheren Jahren nachgegangen? Und natürlich rate ich Ihnen, alte Wunden zu heilen – lösen Sie sich von allem alten Groll, sodass die Liebe in Ihrem Leben frei fließen kann. Ich bin überzeugt, dass wir alle hier auf der Erde sind, um die Liebe zum Ausdruck zu bringen, die wir immer in uns getragen haben.

Viele Menschen leiden unter Schuldgefühlen und glauben, sie hätten etwas so Schlimmes getan, dass sie mit niemandem darüber sprechen können. Solche Schuldgefühle schneiden uns aber von der Liebe ab, die wir brauchen. Unsere Fähigkeit, uns selbst und andere zu lieben, wird stark beeinträchtigt. Sie sollten unbedingt jemanden finden, bei dem Sie sich aussprechen können. Es ist wichtig, dass Sie sich von Ihren Schuldgefühlen befreien.

Unsere linke Körperhälfte steht symbolisch für das Weibliche, unsere rechte Seite für das Männliche in uns. Da Ihr linkes Bein Ihnen zu schaffen macht, frage ich mich, ob es vielleicht eine Frau in Ihrem Leben gibt, der Sie vergeben sollten, oder ob es in Bezug auf eine Frau etwas gibt, das Sie sich selbst vergeben sollten. Zahnprobleme stehen oft für Unentschlossenheit. Ihre Sprache ermöglicht es Ihnen, sich selbst anderen gegenüber auszudrücken. Was ist es, das Sie so schwer in Worte fassen können? Vielleicht ist es genau jene Sache, die Ihnen Schuldgefühle bereitet?

Leider muss ich Ihnen mitteilen, dass ich selbst keine Seminare mehr durchführe. Meine Arbeit hat sich in eine andere Richtung entwickelt. Heute schreibe ich mehr, halte nur noch wenige Vorträge, widme mich meinem Garten und sorge gut für mich selbst. Doch es gibt viele wunderbare Selbsthilfelehrer, die Ihnen genauso gut helfen werden, wie ich es könnte. Schauen Sie sich einmal die Aushänge in einem esoterischen Buchladen in Ihrer Gegend oder die entsprechenden Veranstaltungshinweise in örtlichen Zeitungen an.

Machen Sie sich bewusst, dass Sie etwas ganz Besonderes sind und dass Sie Anspruch auf die vielen Segnungen des Lebens haben. Gehen Sie mit sich selbst sehr sanft und mitfühlend um, während Sie auf Ihrem Pfad der Heilung voranschreiten. Bekräftigen Sie: ICH BIN OFFEN UND BEREIT FÜR DEN NÄCHSTEN SCHRITT IN MEINEM LEBEN.

Liebe Louise,
ich übe seit neunzehn Jahren einen medizinischen Beruf aus und arbeite dabei mit vielen alten Menschen. Sehr viele unter ihnen sind traurig und verbittert. Wenn ich sie mit einem fröhlichen »Guten Morgen« begrüße, bekomme ich oft zur Antwort: »Werden Sie bloß nicht alt«, oder: »Es ist die Hölle, alt zu werden.«

Nachdem ich viele Jahre lang diese Botschaft immer wieder gehört hatte, fragte ich eines Tages eine Frau: »Was ist die Alternative?«

Sie antwortete mit leiser, rauer Stimme: »Der Tod!«

Ich bemühe mich stets, für die Patienten, die ich sehe, Glück und alle Segnungen des Lebens zu bejahen. Aber ich fühle mich frustriert. Ich will diese negativen Botschaften über das Altwerden nicht länger hören. Ich möchte bis zu meinen letzten Tagen auf diesem Planeten lachen und tanzen. Was soll ich diesen Menschen sagen? Oder, noch besser, was kann ich mir selber sagen, damit diese sich ständig wiederholenden negativen Botschaften ein Ende haben?

Louises Antwort:
Die alten Menschen, die Sie beschreiben, waren es das ganze Leben lang gewohnt, sich zucker-, salz- und fettreich zu ernähren und schon bei kleinsten körperlichen Beschwerden Medikamente zu schlucken. Sie haben die Welt in einem negativen Licht gesehen und den Glauben verinnerlicht, Alter bedeutet zwangsläufig Krankheit und Gebrechlichkeit. Das sind Menschen, die sich als Opfer des Lebens betrachten. Wenn Sie in einem medizinischen Beruf arbeiten, werden Sie nicht oft wirklich gesunde alte Menschen zu Gesicht bekommen. Es ist höchste Zeit, dass wir unseren Lebensabend endlich in einem positiven Licht betrachten. Wenn unsere Eltern auf sehr negative Weise alt wurden, muss es uns keineswegs ebenso ergehen. Wir sollten die alten Regeln und Glaubenssätze gründlich ändern. Sie und ich können eine neue Lebensweise erschaffen. Wir können beide bis zum letzten Tag tanzen und lachen und das gilt auch für alle anderen Menschen, die sich uns anschließen möchten.

Wenn die Leute in meiner Umgebung negativ sind, sage ich nur: »Das mag für sie zutreffen, aber für mich trifft es nicht zu.« Vielleicht wäre es lohnender für Sie, im Bereich der ganzheitlichen Gesundheitsvorsorge zu arbeiten. Dort werden Sie Menschen treffen, die sich aktiv um eine gute Gesundheit bemühen. Ich würde es sehr begrüßen, wenn jemand ein Seniorenwohnheim mit einem ganzheitlichen Gesundheitszentrum einrichten würde. Zusätzlich zur Schulmedizin sollte dort ein breites Angebot an Chiropraktik, Akupunktur, Homöopathie, traditioneller chinesischer Medizin, Ernährungs- und Gesundheitsberatung, Pflanzenheilkunde, Massage, Yoga und dergleichen zur

Verfügung stehen. Das wäre ein Ort, an dem sich alle auf einen gesunden, sorgenfreien Lebensabend freuen könnten. Gewiss gäbe es dort in kürzester Zeit eine Warteliste.

Verwenden Sie die Affirmation: ICH BIN VON GESUNDEN, GLÜCKLICHEN MENSCHEN UMGEBEN. Schauen Sie dann, wie das Universum diesen Wunsch für Sie manifestiert.

Liebe Louise,
ich bin eine einunddreißigjährige allein erziehende Mutter mit einer dreizehnjährigen Tochter. Derzeit beabsichtige ich, an einem Krankenpflegekurs teilzunehmen. Mein Problem besteht darin, dass ich seit zwei Monaten für meine fünfundsiebzigjährige Großmutter zu sorgen habe, die an Alzheimer im zweiten Stadium leidet.

Wie kann ich angesichts ihrer ständigen Negativität und verbalen Attacken die Kraft behalten, mich trotzdem liebevoll um sie zu kümmern? Ich liebe sie und bin aufrichtig bemüht, gut für sie zu sorgen, aber ich möchte mich dabei nicht selbst verlieren. Und könnten Sie mir auch einen Rat geben, wie ich meiner Tochter durch diese schwere Zeit helfen kann? Wie sie selbst gesagt hat: »Großmama hat ihr Leben schon gelebt, aber meines beginnt doch gerade erst.« Bitte helfen Sie mir!

Louises Antwort:
Wenn wir das Gefühl haben, dass uns die Dinge über den Kopf wachsen, ist es gut, sich ganz bewusst nicht länger auf das Negative zu konzentrieren. Wenn wir nur die Ein-

schränkungen und negativen Aspekte sehen, können wir keine gute Lösung finden. Atmen Sie tief durch. Entspannen Sie Schultern, Gesicht und Kopfhaut. Übergeben Sie Ihre gesamte Situation dem Universum. Sagen Sie sich immer wieder: ALLES IST GUT. ALLES ENTWICKELT SICH SO, WIE ES FÜR ALLE BETEILIGEN AM BESTEN IST. AUS DIESER SITUATION ENTSTEHT NUR GUTES. DAS UNIVERSUM BESCHÜTZT UNS UND SORGT FÜR UNS.

Konzentrieren Sie sich dann auf das, was Ihnen als die beste Lösung erscheint. Was wäre eine ideale Entwicklung? Schreiben Sie Ihre Intentionen auf. Halten Sie an Ihrer Vision fest. Teilen Sie sie mit Ihrer Tochter. Sie beide sollten täglich positive Affirmationen anwenden. Entspannen Sie sich dann und überlassen Sie alles Weitere dem Universum. Sie und Ihre Tochter werden herausfinden, wie stark Sie beide sind.

Liebe Louise,
das Älterwerden macht mir sehr zu schaffen. Ich bin bezüglich meines Aussehens inzwischen so neurotisch, dass ich es tagelang vermeide, überhaupt in den Spiegel zu schauen. Wenn ich dann doch einen Blick auf mich werfe, fühle ich mich entsetzlich.

Obgleich ich im Moment mit allen möglichen Schwierigkeiten zu kämpfen habe, scheinen meine depressiven Gefühl ganz um den Verlust meiner Jugend und Schönheit zu kreisen. Wie kann ich mit dem Problem des Älterwerdens auf eine Weise umgehen, dass dadurch nicht mein ganzes Leben beeinträchtigt wird?

Louises Antwort:
Gott hat uns als göttliche, wunderbare Wesen erschaffen, denen ein reiches, erfülltes Leben zugedacht ist. Wir sind dazu bestimmt, alle Lebensphasen zu durchlaufen, denn jede dieser Phasen hält ihre besonderen Erfahrungen für uns bereit. Wir können von der Kindheit an bis ins hohe Alter in Freude leben oder aber uns selbst das Leben schwer machen.

Machen Sie sich bitte nicht den gegenwärtig in unserer Kultur vorherrschenden Glauben zu Eigen, nur die Jugend sei lohnend und lebenswert. Dadurch berauben Sie sich Ihres Glücks. Jedes Alter ist schön. Waren Ihre Jugend und Schönheit so außerordentlich, dass Sie es darüber versäumt haben, andere Werte für sich zu entdecken? Wer hat Ihnen eingeredet, dass es im Leben nur auf Äußerlichkeiten ankäme? Glauben Sie, dass Sie nicht mehr geliebt werden, nur weil Ihr Äußeres sich verändert? Möchten Sie wirklich lieber sterben als alt werden?

Wenn Sie sich ständig Sorgen machen, lässt das Ihren Körper nur schneller altern. Es ist sehr problematisch, dass in den Medien der Jugend und Schönheit so viel Bedeutung beigemessen wird. Auch wenn wir alle im Herzen jung sein können, entsprechen dennoch nur wenige von uns dem gegenwärtigen Schönheitsideal. Wir sollten uns nicht länger diesem Druck aussetzen.

Lernen Sie, Ihr inneres Kind zu lieben. Sorgen Sie dafür, dass Ihr inneres Kind glücklich ist. Dann werden Sie von Tag zu Tag jünger wirken. Bekräftigen Sie: JE MEHR ICH MICH SELBST LIEBE, DESTO JÜNGER SEHE ICH AUS.

Lernen Sie, sich hier und jetzt zu lieben. Engagieren Sie sich für Menschen, die echte Probleme haben. Da ist in unserer Gesellschaft eine Menge zu tun. Es gibt so viele Bereiche, wo Ihre Mithilfe dringend gebraucht wird. Genießen Sie den Fluss und Rhythmus des Lebens.

Liebe Louise,
es fällt mir sehr schwer zu glauben, dass Gott so genannte genetische oder »altersbedingte« Krankheiten heilen kann oder wird, weil mir von Kindheit an beigebracht wurde, dass bestimmte Krankheiten »normal« seien, wenn man älter wird, und dass Gott sie ebenso wenig heilt, wie er Glatzenbildung, nachlassende Sehkraft oder graue Haare zu beseitigen vermag.

Ich bin sicher, dass Millionen Menschen mit diesem Glauben aufwuchsen, der von der Ärzteschaft zusätzliche Nahrung erhält. Für eine Heilung zu beten ist schwierig, wenn man vom Arzt gesagt bekommt: »Das sind normale Altersbeschwerden.«

Wie ist Ihre Meinung dazu?

Louises Antwort:
Nur weil Ihnen etwas von Kindheit an eingeredet wurde, muss es deshalb noch lange nicht wahr sein. Immerhin haben wir einmal geglaubt, die Erde sei eine Scheibe.

Was wirklich der Heilung bedarf, ist unser Glaube, es sei »normal«, dass die Gesundheit im Alter nachlässt. Wir müssen das nicht glauben. Wir als Gesellschaft müssen diesen einschränkenden Glauben überwinden. Ihr Körper muss sich nicht zwangsläufig immer mehr abnutzen; er erneuert sich ständig.

Sie sollten den Arzt wechseln und sich einen ganzheitlich arbeitenden Mediziner suchen. Sind Sie sich bewusst, dass Ihre Ernährung einen Einfluss auf Ihren Gesundheitszustand haben kann? Wenn Sie bewusst im Reformhaus oder Bioladen einkaufen und einige Bücher über gesunde Ernährung lesen, können Sie zu neuen Erkenntnissen über Gesundheit und Heilung gelangen.

Gott gibt uns genau das, woran wir glauben. Wenn wir an Einschränkungen und Behinderungen glauben, werden wir sie erleben. Eine gute Affirmation für Sie wäre: ICH BIN BEREIT, STETIG DAZUZULERNEN, UND ICH WERDE JEDEN TAG JÜNGER.

Liebe Louise,
meine Mutter leidet an neurotisch-zwanghaftem Verhalten. Sie wäscht sich mindestens hundertmal am Tag die Hände und wiederholt ständig bestimmte Gedanken und Verse. Sie ist jetzt einundneunzig Jahre alt und lebt mit meinem achtundneunzigjährigen Vater allein in ihrem Haus. Sie ist nicht mehr in der Lage, das Haus in Ordnung zu halten, will sich aber weder von mir noch von anderen bei der Hausarbeit helfen lassen.

Als ich sie kürzlich besuchte, sagte sie mir, dass ich nicht mehr kommen solle, weil Unterbrechungen in ihrem Tagesablauf sie nervös machen würden. Ich bin sehr traurig, dass sie meine Hilfe zurückweist, und sehne mich danach, sie in die Arme zu nehmen, obwohl ich sie erst vor sieben Tagen zuletzt gesehen habe.

Können Sie mir ein paar Tipps für den Umgang mit alternden Eltern geben? Wie kann ich lernen, loszulassen und die Wünsche meiner Mutter zu respektieren?

Louises Antwort:
Machen Sie sich bitte klar, dass das Verhalten Ihrer Mutter nichts mit Ihnen zu tun hat. Alle Verhaltensweisen und Krankheiten entstehen aus dem Versuch, bestimmte Bedürfnisse zu befriedigen. Wenn wir die Bedürfnisse erkennen, die sich im Verhalten uns nahe stehender Menschen offenbaren, fällt es uns leichter, den Betreffenden in seinem Entwicklungsprozess liebevoll zu unterstützen.

Neurotisch-zwanghaftes Verhalten dient dazu, ein Kontrollbedürfnis zu befriedigen. Hinter solch übertriebenen Kontrollbedürfnissen steht immer Angst. Ängste entstehen zumeist in der Kindheit, weil wir uns als Kinder am wenigsten in der Lage fühlen, unser Leben und unsere Umwelt zu kontrollieren. Viele von uns fühlen sich im Alter wieder genauso verletzlich wie in der Kindheit. Wenn wir uns an unsere eigene kindliche Verletzlichkeit und Angst erinnern, kann uns das helfen, unseren alternden Eltern auf einfühlsame Weise Liebe und Unterstützung zu geben.

Helfen Sie Ihrer Mutter dabei, sich sicher zu fühlen, so weit sie das zulässt. Wenn Sie zunächst einmal herausfinden, welche Wünsche sie hat und was sie braucht, um sich geborgen zu fühlen, wird sie möglicherweise Ihre Nähe eher akzeptieren.

Möglicherweise beschließt Ihre Mutter jedoch, Sie nicht mehr ins Haus zu lassen. Es könnte notwendig werden, dass Sie sich von Ihrem persönlichen Verantwortungsgefühl gegenüber Ihrer Mutter lösen, so herzzerreißend das sein mag. Unbedingt sollten Sie dabei Hilfe suchen. Sie sind mit Ihrem Problem nicht allein. Viele Menschen stehen vor der Herausforderung, ihren alternden Eltern auf angemessene Weise Liebe und Unterstützung zu geben und dabei gleichzeitig die Würde der alten Menschen zu achten. Tauschen Sie sich mit anderen Betroffenen aus. Auch sollten Sie nicht zögern, sich an kirchliche Beratungsstellen und andere soziale Einrichtungen zu wenden. Eine passende Affirmation für Ihre Situation: MEINE MUTTER UND ICH ÜBERWINDEN ALLE SCHRANKEN UND FINDEN DEN WEG ZU PERSÖNLICHER FREIHEIT. WIR SIND FREI, ALLES ZU WERDEN, WAS WIR SEIN KÖNNEN!

Ich bin immer im besten Alter

Jedes neue Jahr ist etwas Besonderes und Kostbares, angefüllt mit immer neuen Wundern. Das Alter ist eine ebenso wertvolle Lebensphase wie die Kindheit. Doch in unserer Kultur fürchten wir uns vor dem Alter. So haben wir das Altwerden zu einer schrecklichen Sache gemacht. Dabei ist es ganz normal und natürlich. Wir veranstalten einen Jugendkult, der schädlich für uns alle ist. Ich freue mich darauf, alt zu werden. Die einzige Alternative dazu ist, den Planeten vorher zu verlassen. Ich entscheide mich dafür, mich in jedem Lebensalter zu lieben. Dass ich altere, muss nicht bedeuten, dass ich krank oder gebrechlich werde. Bevor ich den Planeten verlasse, muss ich nicht zwangsläufig an Schläuche angeschlossen sein oder in einem Pflegeheim leiden. Wenn meine Zeit gekommen ist, wird der Abschied sanft sein – vielleicht lege ich mich ins Bett, mache ein Nickerchen und gehe ganz friedlich.

Ich entscheide mich
für Gedanken,
die das Älterwerden zu einer
positiven Erfahrung machen.

Ehe und Partnerschaft

In der Gegenwart
der Liebe
sind wir vereint.

Getrennt wart ihr, doch vereint werdet ihr sein in der Gegenwart der Liebe. Und wenn ihr für immer vereint sein wollt, dann seid Liebende in den Zeiten der Gemeinsamkeit und Freunde in den Zeiten des Getrenntseins.

Gründet eure Verbindung nicht auf Äußerlichkeiten, denn alle Dinge verändern sich, während sie sich entwickeln.

Vollzieht eure Ehe nicht bloß körperlich, denn dann entgeht euch die größte aller Vereinigungen.

Lasst eure Tage von Freude erfüllt sein, denn in der Freude nehmt ihr Teil an den Schätzen des Lebens.

Gründet eure Ehe nicht auf gegenseitige Abhängigkeit, denn dann verliert ihr eure Fähigkeit, schöpferisch euer eigenes Leben zu gestalten.

Lasst eure Verschiedenheit nicht zur Trennung führen, sondern zum gegenseitigen Anerkennen eurer Einzigartigkeit und eurer Synergie.

Strebt leidenschaftlich danach, hinter all euren individuellen Unterschieden euer grundlegendes Einssein mit allem Leben zu erkennen. Helft euch gegenseitig dabei, die Liebe kennen zu lernen. Erlaubt der Seele eures Partners oder eurer Partnerin, auf die ihr gemäße Weise dem Leben und der Wahrheit zu dienen. Und wenn euch der Segen zuteil wird, Kinder zu bekommen, dann seid besonders dankbar, denn dann hat man euch die kostbarste aller Schöpfungen anvertraut: die Seele eines anderen menschlichen Wesens.

Liebe Louise,
ich bin eine Frau von dreiundvierzig Jahren und immer noch allein stehend. Ich habe wieder und wieder affirmiert, dass sich ein wunderbarer, liebevoller Ehemann in meinem Leben mani-

festiert, habe viele Singletreffs besucht und dergleichen mehr, aber immer noch geschieht nichts.

Ich habe beschlossen, ohne körperliche Liebe zu leben, bis ich meinen idealen Partner finde, aber die vergangenen vier Jahre waren die längsten und einsamsten meines Lebens. Niemand hat mich in den Armen gehalten oder geküsst. Dennoch respektiere ich auch weiterhin die heilige Natur meiner Sexualität, indem ich enthaltsam lebe. Ich frage mich, ob Gott meine Gebete hört oder ob ich mich an den Gedanken gewöhnen muss, für immer allein zu bleiben. Bei dieser Aussicht muss ich weinen und ich weiß nicht, wie ich all diese einsamen Jahre überstehen soll. Soll ich damit aufhören, Affirmationen anzuwenden, um meinen Wunsch nach einer liebevollen Beziehung Wirklichkeit werden zu lassen? Soll ich die Hoffnung aufgeben?

Louises Antwort:
Ich kann gut verstehen, dass Sie sich danach sehnen, den perfekten Partner zu finden, mit dem Sie Ihre Liebe teilen können. Mit diesem Wunsch stehen Sie gewiss nicht allein. Wie dem auch sei, im Moment haben Sie keinen Partner. Und *Sie* sind es, die sich negativen Gefühlen hingibt. Auch ich hätte gerne einen liebevollen Gefährten, es gibt gegenwärtig aber keinen in meinem Leben. Auch ich bin schon seit vier Jahren nicht mehr geküsst worden, aber dennoch war dies *keineswegs* die einsamste Zeit meines Lebens. Ich bin oft in den Arm genommen worden, weil ich selbst viele, viele Menschen zu umarmen pflege. Mein Leben ist reich und erfüllt, weil *ich selbst* es dazu mache. Ich empfinde Mitgefühl für Sie und ich weiß, dass Sie nicht so zu leiden brauchen. Gott oder das Leben wollen Sie nicht bestrafen.

Ja, fahren Sie fort mit Ihren Affirmationen für eine glückliche, erfüllte Partnerschaft, bejahen Sie aber darüber hinaus, dass in *allen* Bereichen Ihres Lebens ganz viel Liebe fließt. Affirmieren Sie Lebensfreude und Zufriedenheit. Affirmieren Sie Erfüllung. Affirmieren Sie, dass Ihnen Wege aufgezeigt werden, wie Sie einen konstruktiven Beitrag zur Heilung unseres Planeten leisten können. Suchen Sie sich eine ehrenamtliche Organisation, wo man Ihre engagierte Mithilfe braucht; wagen Sie sich aus Ihrem Schneckenhaus hervor und helfen Sie anderen. Lassen Sie neue Impulse in Ihr Leben fließen. Pflegen Sie freundschaftliche Kontakte und schenken Sie vielen Menschen etwas von Ihrer Liebe. Seien Sie dankbar für all das Gute, das Ihnen tagtäglich geschenkt wird. *Genießen* Sie Ihr Leben! Wir sind hier auf Erden, um uns unseres Lebens zu freuen.

Liebe Louise,
ich bin ein Mann Mitte vierzig, dessen sehr früh geschlossene Ehe nach dreizehn Jahren mit einer Scheidung endete. Das liegt jetzt bereits fünfzehn Jahre zurück. Seit drei Jahren bin ich nun mit einer sehr liebevollen, schönen Frau liiert. Ich liebe sie, doch wenn sie das Thema Heirat zur Sprache bringt, spüre ich einen enormen inneren Widerstand – etwas in mir sträubt sich dagegen, eine feste Bindung oder gar eine erneute Ehe einzugehen.

Die Vorstellung, für einen anderen Menschen »lebenslang« finanziell verantwortlich zu sein, erschreckt mich. Doch ich spüre, dass meine Freundin in naher Zukunft von mir eine klare Antwort will, und ich weiß nicht, was ich tun soll. Ich fürchte, dass sie sehr verletzt wäre und es möglicherweise zum Bruch zwischen uns käme, wenn ich eine Heirat ablehne, oder dass sie irgendwann die Geduld verliert, wenn ich die Antwort immer weiter hinauszögere. Können Sie mir helfen, meine widerstreitenden Gefühle zu verstehen?

Louises Antwort:
Sagen Sie ihr die Wahrheit. Erklären Sie genau, was Sie empfinden und warum. Wenn es Ihnen schwer fällt, offen darüber zu sprechen, schreiben Sie es auf und geben ihr den Brief. Wenn Sie sich eine glückliche Beziehung wünschen, müssen Sie lernen, offen mit Ihrer Partnerin zu kommunizieren. Wenn zwischen Ihnen beiden keine offenen Gespräche möglich sind, bedeutet das, dass Sie sich in ernsthaften Schwierigkeiten befinden. Wenn Sie diese Frau wirklich lieben, sollten Sie bereit sein, eine Ehe- und Partnerschaftsberatung aufzusuchen oder eine Therapie in Erwägung zu ziehen. Lassen Sie sich von einem professionellen Berater oder Therapeuten dabei helfen, Licht in Ihre Beziehungsproblematik zu bringen. Möglicherweise entdecken Sie dabei wichtige Aspekte, die Ihnen bislang nicht bewusst waren.

Sie tun etwas, was viele Menschen ständig tun: Sie blicken zurück in die Vergangenheit und schließen daraus auf die Zukunft. Ich habe den Eindruck, dass Ihre erste Ehe unglücklich verlief und dass Sie froh waren, sie hinter sich zu haben. Doch Sie sind heute ein anderer Mensch als damals und dies ist eine neue, andere Situation.

Bejahen Sie: ICH LÖSE MICH JETZT VON DER VERGANGENHEIT UND ICH LEBE IM JETZT. Segnen Sie Ihre damalige Ehe liebevoll und distanzieren Sie sich innerlich von Ihren alten Erfahrungen.

Liebe Louise,
ich habe eine Beziehung zu einem Mann, den ich sehr liebe, obwohl man unser Verhältnis nicht wirklich eine Liebesbeziehung nennen kann. Er weiß um meine Gefühle, behauptet aber, noch nicht bereit für eine neue Partnerschaft zu sein, weil er »früher viele schlechte Erfahrungen mit Frauen gemacht hat«, wie er sagt. Dennoch verhält er sich, auch in Gesellschaft anderer, so, als wären wir ein Liebespaar. Er hat viele positive Eigenschaften, doch kann er auch ziemlich aufbrausend sein, und mitunter benimmt er sich mir und anderen gegenüber sehr rüde.

Ich möchte gern einen Weg finden, auf gute Art mit ihm zu kommunizieren, nicht nur wegen meiner Gefühle für ihn, sondern auch weil mir seine Gesellschaft ganz einfach Freude macht. Ich möchte gern auf eine entspannte fröhliche Art mit ihm umgehen, aber ich bin in seiner Gegenwart verwirrt und weiß nicht, wie ich mich verhalten soll.

Gegenwärtig sehen wir uns nicht, weil ich nach einem seiner »rüden Auftritte« den Kontakt für eine Weile unterbrechen wollte. Was kann ich tun, um unsere Beziehung aufrechtzuerhalten und zu erreichen, dass die Dinge zwischen uns besser laufen als bisher?

Louises Antwort:
Lesen Sie so schnell wie möglich das Buch *Wenn Frauen zu sehr lieben* von Robin Norwood. Darin werden Sie genau jenes Verhalten beschrieben finden, für das Sie gegenwärtig ein perfektes Beispiel abgeben. Was Sie »Liebe« nennen, ist in Wahrheit eine Sucht nach einer Beziehung, in der Sie sich von einem Mann missbrauchen lassen. Offen-

bar sind Sie in dem alten Denkmuster gefangen, eine Frau könne einen Mann ändern, wenn sie ihn nur genug liebt. Das funktioniert niemals. Der nächste Schritt in dieser Beziehung ist, dass er Ihnen gegenüber auch körperlich gewalttätig wird.

Sie müssen noch viel daran arbeiten, ein starkes Selbstwertgefühl zu entwickeln und sich selbst lieben zu lernen. Möglicherweise haben Sie bestimmte Kindheitserfahrungen gemacht, durch die Ihre Selbstachtung untergraben wurde. Eine gute Affirmation für Sie lautet: ICH ENTWICKLE JETZT EIN STARKES, GESUNDES SELBSTWERTGEFÜHL. ICH LIEBE UND ACHTE MICH. Ich weiß, dass viel mehr in Ihnen steckt, als Sie sich gegenwärtig zutrauen – und dass Sie einen viel besseren Partner verdienen.

Liebe Louise,
vor sechs Wochen habe ich meiner Verlobten gesagt, dass die Beziehung zu ihr für mich zu schmerzhaft geworden ist, und unsere Verlobung aufgelöst. Ich hatte bei dieser Beziehung von Anfang an ein ungutes Gefühl und zuletzt wollte ich nur noch, dass sie die Trennung akzeptiert.

Doch obwohl ich sie inzwischen schon seit sechs Wochen nicht mehr gesehen habe, ist mein Leben immer noch ziemlich aus den Fugen, und aus unerfindlichen Gründen sehne ich mich nach ihr – obwohl ich mir sicher bin, dass sie nicht die Richtige für mich ist. Sie schleppt aus ihrer vorigen Ehe eine Menge unverarbeitete Wut und Verbitterung mit sich herum. Immer wieder lässt sie diese Gefühle an mir aus und dieses Verhalten kann ich nicht ertragen.

Louises Antwort:
Uns allen fällt es schwer, mit dem Ende einer Beziehung fertig zu werden. Oft geben wir unsere Kraft an die andere Person ab, weil wir glauben, sie sei die Quelle jener Liebe, die wir in uns spüren. Wenn uns diese Person dann verlässt, fühlen wir uns am Boden zerstört. Wir vergessen, dass die Liebe in Wahrheit immer in uns ist. Wir haben die Macht, unsere Gefühle selbst zu wählen. Denken Sie daran, dass kein Mensch, kein Ort oder Ding Macht über Sie hat. Segnen Sie Ihre ehemalige Partnerin liebevoll und lassen Sie sie vollständig los.

Manche von uns hungern so sehr nach Liebe, dass sie eine unglückliche Partnerschaft ertragen, nur um mit einem anderen Menschen zusammen zu sein. Wir alle müssen so viel Selbstliebe entwickeln, dass wir nur noch Menschen in unser Leben ziehen, die wirklich unserem höchsten Wohl dienen.

Kein Mensch sollte seelische oder körperliche Misshandlungen hinnehmen. Wenn wir akzeptieren, dass andere uns missbrauchen, signalisieren wir dem Universum damit, dass wir eine solche Behandlung zu verdienen glauben – und dann gibt es uns noch mehr davon.

Benutzen Sie die Affirmation: IN MEINER WELT AKZEPTIERE ICH NUR FREUNDLICHE UND LIEBEVOLLE MENSCHEN.

Liebe Louise,
in den letzten Jahren wurden die Beziehungen zwischen Männern und Frauen ernsthaft diskutiert und ich habe selbst auch viel über dieses Problem nachgedacht. Warum lieben manche

Männer Frauen, die sie wie den letzten Dreck behandeln? Und wenn ihnen einmal eine wirklich nette Frau begegnet, finden diese Männer jedes Mal eine Ausrede, um Freundlichkeit und Liebe zurückzuweisen. Es wird immer wieder gesagt, dass es Frauen, die sich mit einem Mann einlassen, der sie schlecht behandelt, an Selbstachtung fehlt. Doch die mangelnde Selbstachtung vieler Männer kommt kaum zur Sprache. Wie denken Sie darüber?

Louises Antwort:
Wenn Ihre Mutter Sie wie den letzten Dreck behandelte, werden Sie leider ein solches Verhalten mit Liebe assoziieren. Wenn Sie dann erwachsen werden, halten Sie nach Frauen Ausschau, die Sie genauso behandeln wie Ihre Mutter früher. In Gegenwart einer netten Frau fühlen Sie sich unbehaglich, vielleicht sogar ungeliebt. Genauso verhält es sich bei Frauen, die in der Kindheit vom Vater geschlagen oder sexuell missbraucht wurden. Oft fühlen sie sich später unbewusst zu einem Mann hingezogen, der diesen Missbrauch fortsetzt.

Darum ist Vergebungsarbeit so wichtig. Nicht um das, was in der Vergangenheit geschehen ist, zu rechtfertigen oder zu entschuldigen, sondern weil Vergebung es uns ermöglicht, uns aus unserem Gefängnis aus Hass und Verbitterung zu befreien. Ich weiß, dass ich viel zu viele Jahre meines Lebens in Selbstmitleid und Groll vergraben war. Erst als ich in der Lage war, die Vergangenheit zu vergeben, wurde ich frei, mir in der Gegenwart ein gutes Leben zu erschaffen. Wenn Ihr Denken von Groll und Selbstmitleid erfüllt ist, können Sie keine Freude in Ihr Leben lassen.

Bei uns allen gibt es in unseren Beziehungen zu anderen Menschen bestimmte »Komfort-Bereiche«, in denen wir uns wohl fühlen. Diese Bereiche entstehen bereits in der frühen Kindheit. Wenn unsere Eltern uns liebevoll und mit Respekt behandelten, dann assoziieren wir ein solches Verhalten mit dem Gefühl, geliebt zu werden. Waren unsere Eltern – was leider bei vielen von uns zutrifft – nicht in der Lage, uns liebevoll und mit Respekt zu behandeln, lernten wir, uns auch mit diesem Mangel wohl zu fühlen. In diesem Fall assoziieren wir Missbrauch und Gewalttätigkeit mit dem Gefühl, geliebt zu werden. Das wird zu einem Muster, das wir später unbewusst in allen unseren Beziehungen ausagieren.

Ein solches zutiefst gestörtes Denkmuster – dass wir Missbrauch und Gewalt für Liebe halten – ist bei beiden Geschlechtern anzutreffen. Bei Frauen wird es jedoch stärker zur Kenntnis genommen, weil in unserer Kultur Frauen stärker ermutigt werden, Verletzlichkeit zu zeigen, sodass sie eher als Männer zugeben, wenn etwas in ihrem Leben nicht funktioniert. Das ändert sich jedoch allmählich und immer mehr Männer sind heute bereit, sich zu öffnen und sich und anderen ihre Verletzlichkeit einzugestehen. Eine gute Affirmation für uns alle lautet: ICH ÖFFNE MEIN HERZ FÜR DIE LIEBE.

Liebe Louise,
vor einem Jahr fand ich heraus, dass mein Mann eine Affäre hatte. Die andere Frau ist inzwischen in eine andere Stadt gezogen, aber die ganze Situation war sehr schmerzlich für mich. Ich verlor das Vertrauen in meinen Mann und auch mein Selbstver-

trauen. Mein Mann behauptet jetzt, ich wäre nun einmal nicht »sein Typ«. Er sagt, unsere Beziehung sei für ihn wie ein Gefängnis geworden. (Die Religion, der wir angehören, erlaubt keine Scheidungen.) Bei verschiedenen Gelegenheiten gab er mir deutlich zu verstehen, dass er andere Frauen attraktiver findet und dass er eigentlich nicht mehr mit mir zusammenleben möchte. Ich arbeite daran, mehr Selbstvertrauen zu entwickeln, aber in seiner Gegenwart fühle ich mich minderwertig und alle guten Vorsätze lösen sich in Luft auf. Soll ich eine Eheberatungsstelle oder einen Therapeuten aufsuchen? Mein Mann lehnt es ab, Bücher über Partnerschaftsthemen oder positives Denken zu lesen, und zeigt kein Interesse an einer Beratung oder Therapie.

Ich bin nicht unattraktiv und habe eigentlich viele gute Charaktereigenschaften. Ich bin sicher, dass mancher andere Mann mich gern zur Frau hätte.

Louises Antwort:
Bei allen Herausforderungen, denen Sie sich momentan gegenübersehen, kommt es vor allem darauf an, dass Sie an sich selbst arbeiten. Sie selbst sind diejenige, die sich verändern muss. Lernen Sie, ein gesundes Selbstvertrauen aufzubauen. Machen Sie sich bewusst, dass Sie ein wunderbares göttliches Wesen sind. Versuchen Sie nicht, die Liebe eines anderen Menschen zu gewinnen – das kann niemals funktionieren. Hören Sie auf, nach der Anerkennung Ihres Mannes zu streben. Lieben Sie sich selbst, dann wird Ihnen in allen Bereichen Ihres Lebens die Liebe Ihrer Mitmenschen begegnen.

Sobald Sie sich verändern, werden die Menschen in

Ihrer Umgebung diese Veränderung bemerken und darauf reagieren. Wenn Ihr Mann die positive Veränderung bei Ihnen bemerkt, wird er sich ebenfalls ändern – oder auch nicht.

Das ist seine Entscheidung. Falls er es vorzieht, sich nicht zu ändern, ist er deswegen noch lange kein »schlechter« Mensch. Vielleicht sind Sie beide inzwischen einfach nicht mehr füreinander bestimmt.

Was religiöse Verbote angeht, möchte ich Ihnen sagen, dass wir nur als Kinder keine Wahl haben, welcher Religion wir angehören. Als Erwachsene können wir die verschiedenen Religionen unvoreingenommen betrachten. Dabei sehen wir, dass es Religionen gibt, die dem einzelnen Menschen sehr viel Stärkung und Ermutigung bieten, während andere durch allzu starre Gebote und Verbote das Leben der Menschen beschneiden und einengen. Angenommen, Sie haben die Freiheit, sich heute Ihre Religion selbst zu wählen – entscheiden Sie sich dann für eine, die Sie dazu verdammt, bei einem Menschen zu bleiben, der Sie nicht länger will? Ist es nicht ratsamer, sich für eine spirituelle Gemeinschaft zu entscheiden, die Sie unterstützt und Ihnen hilft, Ihr volles menschliches Potenzial zu entdecken und zu entfalten?

Selbstverständlich sollten Sie einen Therapeuten oder eine Beratungsstelle aufsuchen! Eine gute psychologische Beratung kann Ihnen bei Ihrem persönlichen Wachstumsprozess eine große Hilfe sein und Sie finden dort ein offenes Ohr, um Ihr Herz auszuschütten. Wenn Sie sich für Selbstvertrauen und inneres Wachstum entscheiden, werden Sie erleben, dass die Menschen in Ihrer Umgebung, auch Ihr Mann, ganz anders auf Sie reagieren.

Ich empfehle Ihnen die folgende Affirmation: ICH BIN EINE SCHÖNE, LIEBEVOLLE FRAU UND ALLE ENTSCHEIDUNGEN, DIE ICH TREFFE, DIENEN MEINEM HÖCHSTEN WOHL.

Liebe Louise,
ich bin ein fünfundzwanzigjähriger Mann, der von den meisten Leuten als gut aussehend bezeichnet wird. Und doch bekomme ich jedes Mal, wenn ich mich für eine Frau interessiere, einen Korb. Ich verhalte mich nicht übertrieben aufdringlich, mache keine plumpen Annäherungsversuche oder anzüglichen Bemerkungen. Meistens sage ich sinngemäß: »Ich finde, du bist eine sehr schöne Frau, und ich würde dich gerne näher kennen lernen.«

Hören Frauen denn so etwas nicht gerne? Warum finde ich keine Partnerin? Ich bin ein Einzelkind und wuchs bei meinem allein lebenden Vater auf. Kann es sein, dass ich dadurch nie gelernt habe, auf richtige Weise mit Frauen zu sprechen? Geben Sie mir bitte einen Rat.

Louises Antwort:
Ganz offensichtlich strahlen Sie irgendeine negative Schwingung aus, die Frauen auf Distanz hält. Ich glaube nicht, dass Ihr äußeres Verhalten – das, was Sie sagen oder tun – dabei eine große Rolle spielt. Haben Sie je daran gearbeitet, Ihrer Mutter zu verzeihen, dass sie Sie seinerzeit allein ließ? Welche Einstellung hat Ihr Vater zu Frauen? Warum hat er nie wieder geheiratet? Auch sollten Sie einmal eine Liste aller Glaubenssätze erstellen, die Sie in Be-

zug auf Frauen hegen. Nehmen Sie sich dafür ruhig zwei oder drei Tage Zeit. Schauen Sie sich dann besonders alle negativen Glaubenssätze an, die Sie notiert haben. Möglicherweise werden Sie zu Ihrer Überraschung einige Glaubenssätze entdecken, die einer Liebesbeziehung im Weg stehen.

Ich empfehle Ihnen, für eine Weile in eine Al-Anon-Gruppe (Adresse siehe Seite 398; Anm. d. Übers.) zu gehen. Dort werden Sie eine Menge über sich selbst lernen. Zwei empfehlenswerte Affirmationen für Sie lauten: ICH BIN BEREIT, MICH MIT MEINER VERGANGENHEIT AUSZUSÖHNEN. UND: DIE FRAUEN LIEBEN MICH.

Ich lasse in meinem Leben viel Raum für Liebe

Beziehungen sind wunderbar und die Ehe ist wunderbar, doch das alles dauert nicht ewig. Die einzige Person, von der ich niemals getrennt werde, bin ich selbst. Meine Beziehung zu mir selbst währt ewig. Deshalb bin ich mein bester Freund. Täglich verbringe ich etwas Zeit damit, Verbindung zu meinem Herzen aufzunehmen. Ich werde innerlich ruhig und spüre, wie meine Liebe meinen Körper durchströmt, Ängste und Schuldgefühle auflöst. Ich spüre, wie jede Zelle meines Körpers förmlich von Liebe durchtränkt wird. Ich weiß, dass ich stets mit einem Universum verbunden bin, das mich selbst und alle anderen Wesen bedingungslos liebt. Dieses bedingungslos liebende Universum ist die Kraft, die mich erschuf und immer für mich da ist. Indem ich in mir einen sicheren, geschützten Raum für die Liebe schaffe, ziehe ich liebende Menschen und liebevolle Erfahrungen in mein Leben. Es ist an der Zeit, dass ich mich von alten Vorstellungen löse, wie zwischenmenschliche Beziehungen angeblich zu sein hätten.

Ich bin offen und bereit für eine wunderbare, liebevolle Partnerschaft.

3. KAPITEL

Familiäre Beziehungen

Ich habe eine
gesunde Beziehung
zu meiner Familie.

Probleme in der Familie entstehen aus dem Bedürfnis zu kontrollieren, statt zu akzeptieren und zuzulassen. Wenn Sie sich selbst lieben und achten und ein gutes Identitätsgefühl besitzen, werden Sie sich nicht bedroht fühlen, wenn ein anderer Mensch etwas an Ihnen missbilligt. Sie sind sich dann bewusst, dass der andere an Ihnen nur wertschätzen kann, was er auch bei sich selbst liebt und akzeptiert. Menschen verurteilen oft das, wovor sie sich am meisten fürchten.

Die Familie ist ein wichtiges Fundament, auf dem andere Beziehungen aufbauen. Ihre nächsten Verwandten – Brüder, Schwestern, Vater und Mutter – geben Ihnen die Chance, einen gesunden und liebevollen zwischenmenschlichen Umgang zu erlernen und zu pflegen. Wenn es Ihnen gelingt, das Verhältnis zu Ihrer Familie zu verbessern, wirkt sich das positiv auf alle anderen Bereiche Ihres Lebens aus. Bemühen Sie sich um ein möglichst gutes und liebevolles Verhältnis zu Ihrer Familie. Durch gelebte Liebe lassen sich alle Differenzen heilen. Liebe zu leben bedeutet, dass jedes Familienmitglied den anderen erlaubt, so zu sein, wie sie gern sein möchten.

Viele von Ihnen betrachten lediglich Blutsverwandte als Ihre Familie. Doch es gibt noch eine größere Familie, die Sie nicht vergessen sollten: die Menschheitsfamilie und alles Leben auf diesem Planeten. Sie sind viel abhängiger, als Sie immer geglaubt haben. Sie können nicht einfach unbekümmert irgendeinen Teil des Lebens zerstören, weil die Qualität Ihres eigenen Lebens und der Fortbestand der Menschheit vom Überleben aller Lebensformen abhängt. Lieben Sie alles Leben auf der Erde, als ob es Ihr eigenes wäre. Denn das ist es tatsächlich.

Liebe Louise,
mein Problem ist meine dominante, manipulative Mutter. Ich erkenne an, dass sie viele Probleme hatte (sie erkrankte an Polio, als ich fünf war, und ein Jahr danach verließ mein Vater sie wegen einer anderen), doch ich fühle mich in ihrer Gegenwart, als hätte ich kaum Luft zum Atmen. Ich habe ihr gesagt, dass ich zu schätzen weiß, dass sie mir und ihren anderen Kindern hundert Prozent Aufmerksamkeit widmete. Und ich weiß, dass sie damals unter schwierigen Umständen ihr Bestes gab, aber ich habe ihr auch gesagt, dass mein Leben mir gehört, dass sie nicht darüber bestimmen darf. Ich lebe mein Leben heute für mich.

Ich habe Jahre gebraucht, um frei zu werden und mich nicht länger von meiner Mutter oder anderen Menschen, zum Beispiel meinem Exmann, beherrschen zu lassen. Louise, wie kann ich ihr jetzt nahe sein? Sie ist fast achtzig Jahre alt und ihre Gesundheit hat sehr nachgelassen. Ich möchte ihr wirklich näher sein, mich mehr um sie kümmern, aber ich habe das Gefühl, dass ich ein paar Meter Abstand halten muss, wenn ich sie besuche. Und wenn ich ihr Haus betrete und die Tür hinter mir zufällt, komme ich mir vor wie im Gefängnis. Was raten Sie mir?

Louises Antwort:
Wenn alte Menschen sich darüber beklagen, dass ihre Kinder sich von ihnen zurückziehen, vergessen sie, dass sie zumeist selbst für diese Entwicklung verantwortlich sind. Eltern, die ihre Kinder ständig ermahnen: »Sag dies nicht, tu jenes nicht«, blockieren damit jede echte Kommunikation. Wenn Eltern Druck auf ihre Kinder aus-

üben und sie zu kontrollieren versuchen und dieses Verhalten beibehalten, wenn die Kinder erwachsen sind, verhindern sie damit eine liebevolle Beziehung.

Sie sind nicht verantwortlich für die Entscheidungen, die Ihre Mutter trifft und getroffen hat. Sie sind verantwortlich für *Ihre eigenen* Entscheidungen. Menschen, die unter einem dominanten Elternteil litten, suchen sich später fast immer einen dominanten Partner. Ich möchte Sie dazu beglückwünschen, dass es Ihnen gelungen ist, sich von beiden freizuschwimmen. Vielleicht werden Sie niemals in der Lage sein, die Nähe Ihrer Mutter zu ertragen, und das ist *nicht Ihre Schuld*! Machen Sie sich deshalb keine Vowürfe.

Ich weiß, Sie wünschen sich, dass Ihre Mutter Sie genau so akzeptiert, wie Sie sind, und nicht versucht, Sie zu ändern. Geben Sie ihr die gleiche Freiheit. Akzeptieren Sie sie genau so, wie sie ist. Wenn sie wie die meisten dominanten Menschen ist, wiederholt sie sich ständig. Notieren Sie die Redewendungen, die Ihre Mutter oft verwendet, und nummerieren Sie sie. Wenn sie dann wieder in ihre übliche Routine verfällt, die Ihnen auf die Nerven geht, können Sie sich sagen: »Oh, da haben wir wieder mal Vorwurf Nr. 7.« Oder: »Diesmal kombiniert sie Vorwurf Nr. 6 mit Vorwurf Nr. 4.« Das wird Ihnen helfen, die Dinge aus einer neuen Perspektive zu sehen und nicht jedes Mal so zu reagieren, als wären Sie immer noch fünf Jahre alt.

Bekräftigen Sie: ICH HABE EINE ANGENEHME, LIEBEVOLLE BEZIEHUNG ZU MEINER MUTTER. Wenden Sie diese Affirmation sechs Monate lang täglich an und schauen Sie, was geschieht.

Liebe Louise,
ich bin eine Schwiegermutter, die sich nach Kräften bemüht, mit ihrer Schwiegertochter zurechtzukommen. Mein Enkel leidet an einer unheilbaren, tödlichen Krankheit. Meine Schwiegertochter und mein Sohn machen deswegen eine schreckliche Zeit durch – und ich ebenso. Ich liebe sie von Herzen.

Meine Schwiegertochter möchte, dass ich meine Liebe körperlich zeige. Sie sagt, ich würde nicht genug Anteil nehmen und wäre schrecklich kalt und distanziert. Ich weiß einfach nicht, was ich machen soll. Ich kann meine Liebe nicht auf diese Weise zeigen, weil ich anders erzogen wurde. Was stimmt nicht mit mir? Warum schäme ich mich so, meinen Kindern meine Liebe zu zeigen? Als sie klein waren, habe ich sie geküsst und umarmt, doch jetzt, wo sie erwachsen sind, schäme ich mich, so etwas zu tun. Helfen Sie mir bitte. Dieses Problem macht mich ganz krank.

Louises Antwort:
Werden Sie sich bitte zunächst bewusst, dass mit Ihnen alles in Ordnung ist. Sie sind eine göttliche Schöpfung des Universums und verdienen es uneingeschränkt, Liebe zu geben und zu empfangen.

Aus Ihrem Brief schließe ich, dass Sie ein Mensch sind, dem es angenehmer ist, zu sagen: »Ich liebe dich«, als andere ständig zu umarmen und zu küssen. Dies geht vermutlich, wie Sie ja selbst bemerkten, auf Erfahrungen in Ihrer Kindheit zurück. Wahrscheinlich wurden Sie im Elternhaus nicht zu körperlicher Zärtlichkeit ermutigt. Kinder haben ein großes Bedürfnis nach körperlicher Berührung und Nähe. Wenn dieses Bedürfnis nicht erfüllt wird, interpretieren sie das häufig dahingehend, dass mit ihnen irgendetwas »nicht stimmt«. Sie entwickeln ein Schamgefühl gegenüber ihrem Körper und ihren körperlichen Bedürfnissen. Um sich zu schützen und ihre vermeintlichen »körperlichen Fehler« nicht zeigen zu müssen, vermeiden sie körperliche Nähe zu anderen Menschen. Doch heute, als Erwachsene, sind Sie in der Lage zu erkennen, dass dieser Glaubenssatz, mit Ihnen stimme etwas nicht und Sie seien körperlich »unvollkommen«, keine wirkliche Gültigkeit besitzt.

Im Übrigen sollten Sie und Ihre Schwiegertochter bedenken, dass wir alle Liebe auf unterschiedliche Weise erleben – manche von uns möchten gerne umarmt und berührt werden; andere möchten die Worte »Ich liebe dich« hören; wieder andere wünschen sich materielle Liebesbeweise, etwa Blumen oder Pralinen. Manchmal ergeben sich Probleme mit uns nahe stehenden Menschen, weil die Art, wie wir ihnen unsere Liebe zeigen, nicht ihren Wünschen entspricht oder dem, was sie selbst als angenehm empfinden. Indem wir uns die Zeit nehmen, die Wünsche geliebter Menschen herauszufinden und mit ihnen über unsere eigenen Bedürfnisse zu sprechen, können wir die Liebe, die wir füreinander empfinden, besser kommunizieren.

Zudem sucht Ihre Schwiegertochter möglicherweise Fehler bei Ihnen, weil sie selbst sich in der momentanen schweren Situation überfordert und ängstlich fühlt. Segnen Sie sie und bleiben Sie mitfühlend, ohne sich ihre Projektionen zu sehr zu Herzen zu nehmen. Benutzen Sie die folgende Affirmation: ICH BIN VON LIEBE ERFÜLLT UND ICH BRINGE DIESE LIEBE FREI UND OFFEN ZUM AUSDRUCK. ICH KANN MEINE LIEBE GEFAHRLOS ANDEREN MENSCHEN ZEIGEN.

Liebe Louise,
ich bin eine fünfunddreißigjährige Frau, die nun seit sieben Jahren nicht mehr im elterlichen Haus lebt. Wenn ich zu meinen Eltern fahre, fühle ich, wie ich wieder in die Rolle des Kindes zurückfalle, das nicht in der Lage ist, allein für sich zu sorgen. Wenn ich mich bei meinen Eltern aufhalte, überfüllen mich Zweifel, wie ich es ohne sie schaffen soll, meine Miete zu bezahlen, meine Arbeit zu bewältigen und dergleichen. Dann bekomme ich richtig Angst davor, in mein eigenes Zuhause zurückzufahren. Ich stelle meine Fähigkeiten infrage und fühle mich minderwertig.

Wenn ich dann wieder zu Hause bin, fällt es mir aber nicht schwer, mich um meine Aufgaben zu kümmern und mein gewohntes Leben zu führen. Das Problem ist, dass mir wegen dieser Empfindungen Besuche bei meinen Eltern unangenehm sind. Meine Eltern werden allmählich alt und ich möchte so viel Zeit mit ihnen verbringen wie möglich. Haben Sie einen Rat für mich, wie ich meine Ängste vor Besuchen im Elternhaus loswerden kann?

Louises Antwort:
Ihre wirkliche Frage lautet: »Wie kann ich erwachsen werden?« Nachdem Sie so lange bei Ihren Eltern gelebt haben, möchte ein Teil von Ihnen vermutlich immer noch wie ein Kind behandelt und von den Eltern umsorgt werden. Wenn Sie heute Ihre Eltern besuchen, spüren Sie diesen inneren Drang, wieder das sorgenfreie Leben eines kleinen Mädchens zu führen.

Trotzdem waren Sie stark genug, nach achtundzwanzig Jahren komfortabler Sicherheit aus Ihrem Elternhaus fortzugehen und sich ein eigenes Leben aufzubauen. Ich weiß, dass Sie inzwischen stark genug sind, um Ihr Denken umzuprogrammieren. Ändern Sie, wenn Sie das nächste Mal Ihre Eltern besuchen, bewusst Ihre Gedanken. Konzentrieren Sie sich, statt sich um Ihre Unabhängigkeit zu sorgen, auf die Liebe, die Sie für Ihre alternden Eltern empfinden.

Eine gute Affirmation für Sie lautet: ICH BIN HEUTE EINE REIFE, UNABHÄNGIGE UND ERWACHSENE FRAU. ICH BIN SEHR GUT IN DER LAGE, FÜR MICH ZU SORGEN UND MEINE LIEBE UND STÄRKE MIT MEINEN ELTERN ZU TEILEN.

Liebe Louise,
meine Schwester und ich leben in unterschiedlichen Teilen des Landes, sind aber immer in Kontakt geblieben. Wenn ich Probleme hatte, wusste ich immer, dass ich meine Schwester anrufen und mit ihr darüber sprechen konnte. Sie lebt allein und hat einen guten Job, mit dem sie viel Geld verdient. Ich bin geschieden und habe vier Kinder im Teenageralter, die ich allein aufgezogen habe.

In letzter Zeit macht mein ältester Sohn mir eine Menge Probleme und es hilft mir sehr, wenn ich meine Schwester anrufen und meine Sorgen mit ihr besprechen kann.

Doch als ich sie vor kurzem anrief, um mit ihr über meinen Sohn zu reden, unterbrach sie mich und sagte, dass sie nichts mehr davon hören will. Sie sagte, dass sie genug von meinen negativen Ansichten über Teenager im Allgemeinen und meinen Sohn im Besonderen hätte. Sie bat mich, sie erst wieder anzurufen, wenn ich meine Einstellung geändert hätte.

Ich bin deswegen sehr verletzt und weiß nicht, was ich tun soll. Ich wünsche mir ein gutes Verhältnis zu meiner Schwester, aber sie versteht einfach nicht, was es heißt, einen Teenager großzuziehen. Kann ich etwas tun, um diese Sache in Ordnung zu bringen?

Louises Antwort:
Warum sprechen Sie, wenn Sie das nächste Mal Ihre Schwester anrufen, nicht einfach mal von erfreulichen Dingen? Sagen Sie Ihrer Schwester, wie sehr Sie sie lieben und schätzen. Wenn Sie dann mit ihr über Ihre Kinder reden möchten, sollten Sie ihr von all dem erzählen, was Sie an Ihren Kindern mögen. Ich vermute, Ihre Schwester ist es ganz einfach leid, von Ihnen ständig als seelischer Müllabladeplatz benutzt zu werden. Statt deswegen gekränkt zu sein, sollten Sie es als willkommene Gelegenheit betrachten, Ihre familiäre Situation zu heilen.

Wie oft sagen Sie Ihrem ältesten Sohn, dass Sie ihn lieben? Bedanken Sie sich bei ihm und loben Sie ihn, wenn er etwas gut macht? Oder bekommt er von Ihnen nur zu hören, was Ihnen an ihm missfällt? Ich weiß, dass es eine schwere Aufgabe ist, allein vier Kinder großzuziehen, und dass Sie sicher oft nicht wissen, wo Ihnen der Kopf steht. Trotzdem, wir Erwachsenen vergessen oft, welche schweren Phasen Teenager in ihrer Entwicklung durchmachen. Während dieser Zeit brauchen sie besonders viel Lob und Liebe. Ich bin sicher, Ihr Sohn wird große Fortschritte machen, wenn Sie ihm viel Liebe geben und ihm zeigen, dass Sie Verständnis für seine Schwierigkeiten haben. Bekräftigen Sie immer wieder: MEIN ÄLTESTER SOHN IST EINE FREUDE UND EIN SEGEN FÜR UNSERE FAMILIE UND ICH LIEBE IHN.

Liebe Louise,
ich bin eine achtunddreißigjährige Frau und stamme aus einer zutiefst gestörten Familie, in der emotionale und körperliche Gewalt von meinen Großeltern über meine Eltern an mich und meine Geschwister »weitergereicht« worden ist. Ich habe jahrelang an mir gearbeitet, sodass es mir gelungen ist, Depressionen, berufliche Schwierigkeiten und körperliche Beschwerden zu überwinden, die mich früher immer wieder völlig aus der Bahn warfen.

Heute, wo ich gesünder bin, fällt es mir schwer, mit meiner Familie und all dem seelischen Müll klarzukommen, mit dem sie mich überhäufen. Jeder Versuch, auf positive Weise mit ihnen zu reden, ist absolut zum Scheitern verurteilt, und sie versuchen, mir förmlich das Blut auszusaugen. Im Grunde empfinde ich keinerlei Liebe für sie, sondern lediglich eine Art physisches Band, weil sie nun einmal meine Blutsverwandten sind. Manchmal habe ich mir sogar gewünscht, sie wären tot, damit dieses Muster, mit dem sie immer wieder versuchen, mich hinabzuziehen, endlich ein Ende hätte. Ist es okay, dass ich solche Gefühle habe? Wie kann ich es schaffen, eine positive Haltung zu bewahren, wenn sie ständig schlechte Neuigkeiten und Negativität über mir ausgießen?

Louises Antwort:
Als Kind blieb Ihnen nichts anderes übrig, als den Missbrauch über sich ergehen zu lassen, der in Ihrer Familie an der Tagesordnung war. Heute sind Sie achtunddreißig Jahre alt, haben intensiv an sich gearbeitet und große persönliche Fortschritte gemacht. Warum lassen Sie sich noch immer von Ihren Verwandten schlecht behandeln und

missbrauchen? Sie sind nicht auf der Welt, um diese Leute zu verändern. Vielmehr sind Sie hier, um sich selbst zu heilen und zu lieben. Ihre Verwandten müssen nicht erst sterben, damit Sie frei sein können. Nein, Sie können jetzt sofort weggehen und Ihr eigenes Leben leben. Versuchen Sie, Mitgefühl für Ihre Familie aufzubringen, doch weigern Sie sich, ihre kranken Spiele noch länger mitzuspielen. Es ist keineswegs ein Akt der Liebe, wenn Sie sich weiterhin dieser Negativität aussetzen.

Sie leben Ihr Leben nicht so, wie es Ihre Familie will, und Ihre Familie lebt nicht so, wie Sie es wollen. So einfach ist das. Gehen Sie von nun an getrennte Wege. Sie selbst befinden sich auf einem guten Weg spiritueller Heilung. Konzentrieren Sie sich auf Ihre eigene Entwicklung. So werden Sie immer mehr Weisheit und Verständnis finden und es wird Ihnen zunehmend leichter fallen, sich von Ihrer Vergangenheit zu befreien. Segnen Sie Ihre Familie liebevoll, aber lösen Sie sich ganz von ihr. Bejahen Sie: ICH SEGNE MEINE FAMILIE LIEBEVOLL UND GEBE SIE GANZ FREI. ICH SELBST BIN FREI, GLÜCK UND ERFÜLLUNG ZU FINDEN.

Liebe Louise,
meine Schwester ist stark übergewichtig und leidet unter zahlreichen Gesundheitsproblemen, die damit in Zusammenhang stehen. (Wegen ihres durch das Übergewicht ausgelösten besonders schweren Diabetes muss sie zweimal wöchentlich zur Dialyse.) Obwohl sie eigentlich keinen Zucker essen darf, verschlingt sie immer wieder Unmengen von Süßigkeiten und vernachlässigt ihre Insulineinnahme. Sie hat einen wunderba-

ren Mann und ein kleines Kind. Ich verstehe einfach nicht, wieso sie regelrecht Selbstmord auf Raten begeht. Was kann ich sagen oder tun, um ihr zu helfen?

Louises Antwort:
Ich weiß, dass es hart ist, wenn man jemanden liebt und zusehen muss, wie die betreffende Person Dinge tut, die nicht gut für sie sind. Doch jeder von uns muss seinen eigenen Lebensweg gehen und niemand hat das Recht, über den Weg eines anderen zu urteilen. Wir alle müssen unsere eigenen Lektionen lernen und Sie können nicht wissen, worin die Lektion Ihrer Schwester besteht. Es heißt jedoch: »Wenn der Schüler bereit ist (und ich glaube, keine Minute vorher), erscheint der Lehrer.« Zweifellos wird das auch bei Ihrer Schwester geschehen.

Lieben Sie sie also und lassen Sie sie sein, wie sie ist. Ich empfehle die Affirmation: ALLE MITGLIEDER MEINER FAMILIE, MEINE SCHWESTER EINGESCHLOSSEN, SIND GLÜCKLICH, HEIL UND VON LIEBE ERFÜLLT. ALLES IST GUT IN UNSERER WELT. Diese Bejahung kann jeder von uns, entsprechend angepasst, für seine Familie verwenden. Dann können wir darauf vertrauen, dass alles, was wir erleben, wirklich unserem höchsten Wohl dient.

Liebe Louise,
ich plage mich mit Eifersucht und Wut herum, die bei mir darum kreisen, dass in unserer Familie die Aufmerksamkeit, Liebe und materiellen Zuwendungen meiner Eltern ungerecht verteilt

sind. Meine Eltern sind gegenüber dreien meiner Brüder und Schwestern stets sehr großzügig gewesen, doch wir »mittleren« drei Geschwister bekommen von ihnen kaum Anerkennung und Zuwendung, selbst jetzt als Erwachsene. Ich glaube nicht, dass sich das Verhalten meiner Eltern je ändern wird, und die offensichtliche Ungerechtigkeit hat in meiner Familie zu großen Spannungen geführt.

Ich sehne mich danach, mich von Eifersucht, Wut und Minderwertigkeitsgefühlen zu befreien, und ich träume davon, dass in unserer Familie ein Heilungsprozess stattfindet, der enge, liebevolle Bindungen möglich macht.

Zu welchen Schritten raten Sie mir?

Louises Antwort:
Wenn Sie sich bemühen, Ihre Familie zu heilen, verschwenden Sie nur Ihre Zeit. Das wird möglicherweise niemals geschehen. Sie sind nicht verantwortlich für die Einstellung oder das Verhalten anderer Menschen. Sie können nur sich selbst und Ihre eigenen inneren Schmerzen heilen. Es geht nicht um das, was geschehen ist, sondern darum, wie Sie selbst darauf reagieren.

Ziehen Sie doch einmal in Erwägung, dass Sie aus einem bestimmten Grund in diese Familie hineingeboren wurden. Worin könnte die Lektion bestehen, die das Leben Sie auf diese Weise lehren möchte? Ich glaube, wir wählen uns eine bestimmte Familie aus, um durch sie etwas Besonderes zu lernen und uns über die familiären Schwierigkeiten zu erheben. Die Eifersucht, die Wut und die Minderwertigkeitsgefühle, die Sie mit sich herumtragen, schaden Ihnen nur. Können Sie Ihren Eltern verzeihen?

Werden Sie lernen, sich selbst zu lieben und sich ein gutes, eigenständiges Leben zu erschaffen? Das sind die spirituellen Herausforderungen, denen sich jeder Mensch stellen muss. Hören Sie auf damit, die Dinge danach zu beurteilen, was Ihrer Meinung nach richtig oder falsch ist. Die Vergangenheit können Sie ohnehin nicht mehr ändern. Die Kraft zur Veränderung liegt immer in der Gegenwart. Immer wenn Sie an Ihre Eltern denken, sollten Sie sie liebevoll segnen. Denken Sie an das Gute, das es in Ihrer Familie auch gegeben haben muss. Konzentrieren Sie sich darauf, außerhalb Ihrer Familie gute, liebevolle zwischenmenschliche Beziehungen aufzubauen. Sie haben immer die Möglichkeit, sich unter Ihren Freunden eine ideale Familie zu erschaffen. Beginnen Sie jeden Tag in Dankbarkeit, indem Sie bekräftigen: ICH BIN GÖTTLICH GESEGNET UND ICH LIEBE MICH SELBST UND DAS LEBEN. Heute ist für Sie der Tag, an dem Sie glücklich sein können.

Alle lebendigen Geschöpfe sind meine Familie

Ich umgebe meine gesamte Familie mit einem Ring aus Liebe – jene, die leben, und jene, die tot sind. Ich visualisiere für uns alle wundervolle, harmonische, sinnerfüllte Erfahrungen. Es ist ein großer Segen, Teil jenes zeitlosen Geflechts aus bedingungsloser Liebe zu sein, das uns alle verbindet. Meine Vorfahren gaben ihr Bestes, entsprechend dem Wissen und den Einsichten, die ihnen zur Verfügung standen; und die noch ungeborenen Kinder werden sich neuen Herausforderungen gegenübersehen und bei der Bewältigung dieser Herausforderungen gleichfalls ihr Bestes geben. Von Tag zu Tag sehe ich meine Aufgabe deutlicher; sie besteht ganz einfach darin, mich aus alten familiären Schranken zu lösen und zur göttlichen Harmonie zu erwachen. Familientreffen sind für mich Gelegenheiten, Toleranz und Mitgefühl zu praktizieren.

Ich habe mir für dieses Leben genau die richtige Familie ausgesucht.

4. KAPITEL

Freundschaft

Liebevoll
gestatte ich meinen
Freunden, so zu sein,
wie sie sind.

Ein Mensch, der sich Ihr Freund nennt, sollte Ihrem Herzen nahe sein und Ihnen helfen, Ihr Verständnis zu erweitern. Wer Ihnen selbstgerecht ungebetene Ratschläge erteilt, ist kein Freund. Wer Ihnen einzureden versucht, dass Sie von ihm abhängig sind, will Sie zum Sklaven machen. Wer mit vielen aufwendigen Geschenken erreichen möchte, dass Sie in seiner Schuld stehen, ist noch nicht einmal sein eigener Freund. Und wer schlecht von Ihnen spricht, wenn Sie nicht dabei sind, soll an seinem eigenen Schmerz zugrunde gehen.

Mögen Sie Freunde haben, die Wahrheit und Weisheit mit Ihnen teilen, ohne sie als Waffe zu gebrauchen. Mögen Sie Freunde haben, die zu Ihrem Wohlergehen beitragen und nicht auf Ihren scheinbaren Schwächen oder Fehlern herumreiten. Mögen Sie Freunde haben, die Ihnen bei Ihrer Heilung helfen, denn dadurch heilen sie auch sich selbst. Mögen Sie Freunde haben, die es Ihnen gestatten, einfach Sie selbst zu sein, ohne Vorwürfe und Scham; Freunde, die Ihnen helfen, Ihren eigenen Weg zu finden, statt Sie zu jemandem zu machen, der Sie in Wahrheit gar nicht sind. Wenn Sie Freunde finden, die diese Eigenschaften haben, seien Sie dankbar dafür, und seien auch Sie diesen Menschen ein Freund.

Liebe Louise,
ich bin eine gut aussehende Frau Ende zwanzig und habe mich mit einer Frau in meinem Apartmenthaus angefreundet, die nicht viele Freundinnen hat. Sie ist übergewichtig, körperlich nicht sehr attraktiv und hat nur wenig Selbstbewusstsein, aber ich finde sie sehr intelligent und amüsant. Zwar macht mir ihre

Gesellschaft meistens viel Freude, doch sie neigt dazu, ziemlich oft abfällige Bemerkungen über mein Aussehen zu machen. Sie sagt zum Beispiel: »Oh, schau dir nur diesen Pickel an deinem Kinn an!«, »Warum ist dein Haar so trocken?«, »Du hast aber wirklich dicke Waden« usw.

Ich antworte darauf nie auf negative Weise, vermutlich, weil sie mir Leid tut, aber ihre Kommentare fangen wirklich an, mir auf die Nerven zu gehen. Ich nehme an, sie glaubt, weil sie selbst nicht attraktiv ist, hätte sie das Recht, an anderen Leuten herumzumäkeln. Ich möchte ihre Gefühle nicht verletzen, aber ich fürchte, wenn sie so weitermacht, werde ich bald explodieren und ihr gehörig die Meinung sagen.

Was kann ich tun, um diese Situation zu bereinigen, ohne unsere Freundschaft aufs Spiel zu setzen?

Louises Antwort:

Es ist nicht notwendig, dass Sie explodieren und es zu einem Bruch kommen lassen. Sprechen Sie sie einfach offen darauf an, wenn sie wieder eine entsprechende abfällige Bemerkung macht. Wahrscheinlich ist ihr gar nicht bewusst, was sie tut. Wir sind uns oft nicht bewusst, was wir sagen oder tun, weil uns bestimmte Verhaltensweisen mit den Jahren zur festen Gewohnheit geworden sind. Wenn sie Sie das nächste Mal kritisiert, sagen Sie zu ihr: »Das war aber eine sehr kritische Bemerkung.« Oder: »Du kritisierst mich wirklich ziemlich oft; ist dir das eigentlich bewusst?« Sobald Sie es einmal zur Sprache gebracht haben, können Sie sie daran erinnern, wenn sie es erneut tut. »Siehst du? Jetzt machst du schon wieder eine kritische Bemerkung.«

Sie können auch ein Spiel daraus machen. Sagen Sie zu ihr: »In Zukunft werde ich jedes Mal, wenn du mich kritisierst, laut ›Pustekuchen!‹ sagen.« Das können Sie durchaus auf sehr liebevolle Weise tun. Wenn sie gekränkt darauf reagiert, ist das ihr Problem. Wenn Sie ihre Negativität aus Mitleid einfach stumm hinunterschlucken, lassen Sie ihr damit ein eindeutig liebloses Verhalten durchgehen. Kein Wunder, dass sie so wenig Freunde hat. Wenn Sie sie wirklich mögen, sollten Sie ihr sagen, was sie mit ihren Bemerkungen bei Ihnen anrichtet. Dann hat sie die Möglichkeit, ihr Verhalten zu ändern, wenn sie es will. Bekräftigen Sie: AUF LIEBEVOLLE WEISE BIN ICH STETS OFFEN UND AUFRICHTIG.

Liebe Louise,
ich lebe in Chicago und habe einen engen Freund – er ist mein einziger Freund –, mit dem mich seit etwa dreißig Jahren eine platonische Beziehung verbindet (er ist siebzig, ich bin vierundfünfzig). Manchmal beschleicht mich jedoch das Gefühl, dass er einen schlechten Einfluss auf meine Gesundheit und Spiritualität ausübt. Er scheint mir buchstäblich meine Lebensenergie abzusaugen und lässt mich nach seinen Besuchen jedes Mal erschöpft, deprimiert und mit körperlichem Unwohlsein zurück. (Er selbst hat jahrelang unter schweren Depressionen gelitten.) Es ist ihm nicht bewusst, dass er diesen Effekt auf mich hat – er verhält sich mir gegenüber stets freundlich, großzügig und fürsorglich. Aber seit ungefähr zehn Jahren habe ich dieses nagende Gefühl, dass er eine dunkle, negative Seite besitzt, die mich vom Pfad des Lichts auf einen Pfad der Dunkelheit hinüberzieht.

Vor zwanzig Jahren wurde uns von einem Astrologen mitgeteilt, dass wir beide uns in einer karmischen Saturn-Verbin-

dung befänden. Ich habe das Gefühl, dass meine Beziehung zu diesem Mann ein schmerzhaftes Dilemma darstellt, und ich weiß nicht, was ich machen soll. Für einen Rat wäre ich Ihnen sehr dankbar.

Louises Antwort:
Viele Leute sind »Energie-Vampire«. Ohne sich dessen bewusst zu sein, saugen sie den Menschen in ihrer Umgebung Energie ab. Depressionen sind nach innen gekehrte Wut. Depressive Menschen tragen eine große Wut über Dinge in sich, denen sie machtlos gegenüberzustehen glauben. Sie artikulieren ihre Wut jedoch nicht. Vielleicht ist Ihr Freund wütend über etwas, das in seiner Kindheit geschehen ist. Seine Depressionen sind aber nicht Ihre Depressionen, solange Sie nicht beschließen, sie sich zu Eigen zu machen.

Warum sollten Sie sich einen Menschen zum »einzigen Freund« wählen, der Ihnen Energie raubt? Haben Sie so etwas verdient? Richten Sie Ihr Leben nicht nach einer zwanzig Jahre alten Bemerkung eines Astrologen aus. Selbst wenn seine astrologische Deutung Ihrer Beziehung zutreffend war, können Sie immer noch Ihre Lektion lernen, loslassen und weitergehen. Reden Sie sich nicht ein, dass es keinen Ausweg gibt. Sie sind eine junge Frau. Sie haben noch ein ganzes Leben vor sich. In Chicago gibt es Millionen Menschen und es ist Zeit, dass Sie aktiv werden und sich neue Kontakte zu lebensfrohen, liebevollen Menschen schaffen. Finden Sie neue Freunde und neue Lebensfreude. Sagen Sie sich möglichst oft: ICH BIN OFFEN FÜR EIN NEUES LEBEN UND GENIESSE JEDEN TAG.

Liebe Louise,
ich lebe mit einer anderen Frau zusammen, die seit zehneinhalb Jahren meine beste Freundin ist. Während ich selbst mich weiterentwickelt und mehr Selbstliebe und Selbstachtung aufgebaut habe (nachdem ich die Folgen einer unglücklichen Kindheit überwinden musste), ist meine beste Freundin und Mitbewohnerin zunehmend co-abhängig geworden. Sie ist extrem eifersüchtig und fühlt sich durch meine Beziehungen zu anderen Menschen bedroht, besonders durch meine intimen Beziehungen zu Männern.

Immer wenn ich mich verabrede und sich eine nähere Bekanntschaft mit einem Mann anbahnt, bekommt sie plötzlich Nervenzusammenbrüche oder sie erzeugt einen »Unfall« oder eine andere Notsituation, um meine Aufmerksamkeit auf sich zu ziehen. Im vorigen Jahr verkündete sie plötzlich aus heiterem Himmel, dass sie bisexuell sei und mich zum Objekt ihrer Begierde auserkoren habe. Seitdem verhält sie sich oft sehr sonderbar – sie isst mein Essen und überschreitet Grenzen, die sie zuvor niemals überschritten hat.

Ich denke schon länger darüber nach, auszuziehen, bin aber bislang aus finanziellen Gründen geblieben. Ihre Freundschaft bedeutet mir viel, aber ich finde die Situation zwischen uns sehr verwirrend. Können Sie mir einen Rat geben, wie ich mich verhalten soll?

Louises Antwort:
Ihre Freundin hat Angst, Sie zu verlieren. Sie ist jedoch offenbar nicht bereit, sich persönlich weiterzuentwickeln, sodass die Kluft zwischen Ihnen sich ständig vergrößert. Möglicherweise werden Sie entscheiden müssen, was Ihnen wichtiger ist: Ihre persönliche Entwicklung und

Selbstachtung oder eine Freundschaft, aus der Sie offensichtlich herausgewachsen sind.

Akzeptieren Sie *niemals* eine für Sie unangenehme Situation, nur weil Sie von jemandem etwas »wollen«, ganz besonders nicht aus finanziellen Gründen. Wenn Sie das tun, signalisieren Sie damit dem Universum sehr nachdrücklich, dass Sie nicht darauf vertrauen, dass das Leben gut für Sie sorgt. Und Sie werden immer Gewissensbisse haben und sich nicht wohl fühlen.

Arbeiten Sie weiter daran, sich ein gutes Selbstwertgefühl aufzubauen. Fragen Sie sich stets: »Was ist das Beste für mich?« Sie haben schon große Fortschritte auf Ihrem persönlichen Entwicklungsweg gemacht. Von diesem Weg sollten Sie sich von niemandem abbringen lassen. Bekräftigen Sie: AUS DIESER SITUATION ENTSTEHT NUR GUTES UND WIR ALLE SIND STETS SICHER UND GEBORGEN.

Liebe Louise,
ich weiß nicht, wie ich mich gegenüber einer alten Freundin verhalten soll. Sie scheint sich jedes Mal zurückzuziehen, wenn wir einander näher kommen. Wir sind seit neunzehn Jahren befreundet und ich habe immer noch das Gefühl, dass ich allein diejenige bin, die unsere Freundschaft am Leben erhält. Sie verhält sich für eine gewisse Zeit offen und liebevoll und wirkt dann plötzlich scheu und distanziert, was ich sehr verwirrend finde. Wir haben im Lauf der Jahre des Öfteren über dieses Problem gesprochen. Sie sagt dann immer, es sei nicht böse gemeint, wenn sie sich so verhält. Sie sagt, sie betrachte mich als eine ihrer besten Freundinnen, doch wenn ich ihr dann ein lustiges Fax ins Büro schicke, antwortet sie wochenlang nicht darauf.

Es ist schwer zu erklären, Louise, aber ich habe immer ein geradezu übersinnliches Band zu ihr gespürt. Ich fühle zum Beispiel genau, wenn sie in Schwierigkeiten ist und es ihr nicht gut geht. Was mache ich nur mit einer Freundin, die solche Angst davor hat, Nähe zuzulassen und zuzugeben, dass sie meine Freundschaft braucht?

Louises Antwort:
Es freut mich zu hören, dass Sie am Schicksal Ihrer Freundin Anteil nehmen und zwischen Ihnen eine mediale Verbindung besteht, sodass Sie spüren, wenn sie »in Schwierigkeiten ist«, wie Sie es nennen. Dennoch muss ich Ihnen sagen, dass es in einer Freundschaft vor allem darauf ankommt, einen anderen Menschen so zu akzeptieren, wie er ist, nicht wie wir ihn uns wünschen. Bedenken Sie, dass Ihre Freundin Sie so akzeptiert, wie Sie sind, und das, obwohl Sie seit neunzehn Jahren versuchen, sie zu ändern.

Genießen Sie die Freundschaft mit ihr dann, wenn sich dazu Gelegenheit bietet. Ich habe ganz unterschiedliche Beziehungen zu jeder meiner Freundinnen und ich akzeptiere sie alle so, wie sie sind. Ich habe viele Freundinnen und Freunde, die ich sehr liebe, obwohl wir uns nur ein- oder zweimal im Jahr sehen oder sogar nur alle zwei Jahre. Ich freue mich an der Zeit, die ich mit ihnen verbringen kann, und denke liebevoll an sie, wenn ich sie nicht sehe.

Lieben und akzeptieren Sie Ihre Freundin also so, wie sie ist. Freuen Sie sich an der Zeit, die sie gerne mit Ihnen verbringen möchte, und machen Sie das Beste daraus. Bekräftigen Sie: ICH AKZEPTIERE MEINE FREUNDE, WIE SIE SIND, UND SIE AKZEPTIEREN MICH UND ZEIGEN MIR IHRE ZUNEIGUNG, JEDER AUF SEINE WEISE. ALLES IST GUT IN MEINER WELT.

Liebe Louise,
ich stehe vor einem ethischen Dilemma. Ich habe zwei Freunde (einen Mann und eine Frau), die beide zur Beförderung anstehen und Kandidaten für dieselbe Position sind. Für diese neue Tätigkeit ist ein Collegeabschluss erforderlich. Zwar behaupten meine beiden Freunde in ihren Lebensläufen, über diesen Abschluss zu verfügen. Ich weiß aber, dass der betreffende Freund nur ein Jahr auf dem College war. Ich habe Angst, dass er den Job bekommt und meine Freundin nicht berücksichtigt wird.

Ich weiß nicht, wie ich mich verhalten soll. Soll ich schweigen und es dem Universum überlassen, wie die Sache ausgeht? Soll ich dem Freund sagen, dass ich es nicht für gerechtfertigt halte, dass er sich um diese Stellung bewirbt? Habe ich überhaupt ein Recht, mich einzumischen? Ich weiß es nicht.

Louises Antwort:
Wir alle verbringen viel zu viel Zeit damit, andere Leute zu beobachten und uns einzumischen, wenn wir glauben, dass sie etwas falsch machen. Doch jeder von uns steht unter dem Gesetz seines eigenen Bewusstseins und das Leben wird ihn mit den entsprechenden Erfahrungen konfrontieren. Daher ist es unnötig, dass wir uns in Dinge einmischen, die uns nichts angehen. Solange es nicht gilt, eine unmittelbare Gefahr abzuwenden, bin ich grundsätzlich dagegen, in das Leben anderer einzugreifen. Immer wenn ich das in der Vergangenheit getan habe, erwies es sich im Nachhinein als Fehler.

Solange die fragliche Beförderung keinen Einfluss auf Ihren eigenen Tätigkeitsbereich hat, würde ich nicht aktiv eingreifen. Machen Sie das Ganze nicht zu *Ihrer* Angelegenheit. Benutzen Sie die Affirmation: DIE FREI WERDENDE STELLE WIRD MIT DER DAFÜR AM BESTEN GEEIGNETEN PERSON BESETZT. Warten Sie dann einfach gelassen ab, welche Lösung das Universum herbeiführt. Visualisieren Sie Harmonie und eine gute Atmosphäre am Arbeitsplatz. Stellen Sie sich vor, dass alle Menschen dort mit Freude und gegenseitigem Respekt ihren Tätigkeiten nachgehen. Machen Sie sich bewusst, dass Sie selbst stets geborgen und beschützt sind.

Liebe Louise,
ich bin ein vierzigjähriger Geschäftsmann und betreibe mit einem Partner, der zugleich ein guter Freund ist, eine gemeinsame Firma. Vor drei Monaten stellte mein Kompagnon seine Schwester ein, eine sehr unattraktive, übergewichtige Frau mit einem Damenbart, die nun in unserem Vorzimmer arbeitet. Sie war gerade in einer anderen Firma entlassen worden und muss einen Mann und ein Kind ernähren, sodass sie meinem Freund Leid tat, und mir auch. Leider funktioniert die Sache überhaupt nicht. Diese Frau behandelt unsere Klienten, Kunden und anderen Angestellten auf sehr unfreundliche Art. Sie erledigt ihre Arbeit ineffizient, und ehrlich gesagt wirkt ihr ungepflegtes Äußeres abstoßend auf die Kundschaft.

Ich glaube, dass die negative Energie, die diese Frau ausstrahlt, unserem Geschäft schadet und für schlechte Stimmung unter den Mitarbeitern sorgt, aber ich möchte meinen Kompagnon nicht in die unangenehme Lage bringen, die eigene Schwester hinauswerfen zu müssen. Auch würde ich es dieser Frau gerne ersparen, dass ihr schon wieder gekündigt wird. Wissen Sie einen Ausweg aus diesem Dilemma?

Louises Antwort:
Wollen Sie wirklich tatenlos zusehen, wie diese Frau Ihre Kunden und die anderen Mitarbeiter schlecht behandelt? Ihre Rücksichtnahme auf die Gefühle dieser Frau in Ehren, aber was ist mit der Arbeitsmoral Ihrer Angestellten und der Zukunft Ihrer Firma? Warum dulden Sie es, dass Ihre anderen, tüchtigen Mitarbeiter unter den Launen dieser Frau leiden müssen? Sie müssen dem sofort ein Ende bereiten! Das Wohl der Gruppe ist immer wichtiger als das Wohl eines Einzelnen, besonders wenn die fragliche Person ständig Probleme und Schwierigkeiten macht.

Hier sind Ihr diplomatisches Geschick und Ihre Autorität gefordert. Sie können sich auf das Gespräch mit Ihrem Kompagnon vorbereiten, indem Sie schriftlich vorformulieren, was Sie ihm sagen möchten, oder vor einem Spiegel üben. Sie müssen ihm sehr aufrichtig und in professioneller Klarheit sagen, wie Sie die Sache sehen. Sie müssen ihm klarmachen, wie wenig seiner Schwester auf lange Sicht damit geholfen ist, dass er ihr dieses falsche Verhalten durchgehen lässt. Vielleicht können Sie ihn überzeugen, dass er seiner Schwester hilft, ihr Leben besser in den Griff zu bekommen, wenn er ihr behutsam, aber wahrheitsgemäß sagt, dass sie ihr Verhalten ändern muss. Seine Schwester könnte sich zum Beispiel einer Psychotherapie unterziehen, um die Gründe für ihr unfreundliches Benehmen herauszufinden. Vermutlich verbirgt sie dahinter ihren Schmerz. Sie benötigt eine echte Veränderung, die von innen kommen muss. Auf keinen Fall sollten Sie es ihr gestatten, mit diesem destruktiven Verhalten fortzufahren. Bekräftigen Sie: ICH HABE EIN HARMONISCHES, ERFOLGREICHES GESCHÄFT UND BIETE MEINEN ANGESTELLTEN SICHERHEIT UND EIN GUTES ARBEITSUMFELD.

Freundschaft

Jeder von uns ist Teil eines harmonischen Ganzen. Wenn ich mit meinen Freunden freudvoll zusammenarbeite und eine unbeschwerte Zeit verbringe, werden sich unsere Energien wunderbar ergänzen. Wir unterstützen und ermutigen einander auf erfüllende und fruchtbare Weise. Ich habe schöne, harmonische, von gegenseitiger Achtung und Fürsorge getragene Beziehungen zu allen Menschen. Ich lebe in Würde, Frieden und Freude. Ich bin gesund, glücklich, liebevoll, respektvoll, hilfsbereit, produktiv und im Frieden mit mir selbst und meinen Freunden.

Alle meine Freundschaften sind erfolgreich.
Ich bin selbst ein ermutigender und
liebevoller Freund.

Gesundheit

*Meine Gesundung
ist ein Pfad der
Liebe.*

Als Säuglinge und Kinder bekamen viele von Ihnen nicht die Liebe und Fürsorge, die Sie verdienten und nach der Sie sich sehnten. In Ihre Gehirne pflanzte man ein Gewirr aus äußerst einschränkenden Vorstellungen und Gefühlen. Später entwickelten Sie sich weiter und erkannten, wie diese Begrenzungen Sie daran hindern, ein freudvolles Leben zu führen. Jene Überzeugungen zu heilen und zu verändern, die aus der frühen Kindheit stammen, ist ein Vorgang, den man oft als Gesundung bezeichnet. Sie braucht ihre Zeit. Seien Sie also freundlich zu sich selbst und nehmen Sie sich die Zeit, bewusster zu werden und neue Verhaltensmuster zu erlernen.

Erfahrungen in der frühen Kindheit bewirkten, dass Sie eine eng begrenzte Identität entwickelten und sich als Reaktion auf erlittenen Schmerz Verteidigungsmechanismen zulegten. Als Kind kannten Sie die Wahrheit, doch man erzog Sie dazu, enge Grenzen zu akzeptieren. Wenn Sie sich dagegen auflehnten, wurden Sie bestraft. Sie versuchten, Ihre Gedanken und Gefühle zu äußern, aber sie wurden abgelehnt und als falsch bezeichnet. Es ist verständlich, dass Sie sich nun von dem dadurch verursachten Schmerz befreien möchten.

Der erste Schritt zur Gesundung besteht darin, ehrlich mit sich selbst zu sein. Äußern Sie sich nicht länger negativ, aber leugnen Sie Ihre Gefühle nicht. Die Kraft des positiven Denkens und Sprechens ist wunderbar, doch sie ist nur ein Anfang. Auch Ihre Gefühle müssen Sie verändern. Das gelingt am besten, wenn Sie sich mit Freunden umgeben, die verstehen, was Sie durchmachen, weil sie es selbst auch schon erlebt haben, und die Ihnen helfen möchten, heil zu werden. Dann können Sie die unterdrückten Emotionen freisetzen, die Sie bisher daran hinderten, Freude zu empfinden.

Liebe Louise,
ich bin eine zweiundfünfzigjährige Frau, bei der vor zwei Jahren Fibromyalgie diagnostiziert wurde. Als Symptome zeigen sich bei mir allgemeine Muskelschmerzen und chronische Müdigkeit. Ich bemühe mich, bei der Behandlung meiner Erkrankung neben der körperlichen Ebene und einer Ernährungsumstellung auch emotionale und spirituelle Aspekte zu berücksichtigen, und würde mich sehr freuen, wenn Sie mir zusätzliche Ratschläge geben könnten.

Ich arbeite als Pädagogin an einem College, habe einen Mann, den ich sehr liebe, Kinder und Enkelkinder. Dennoch spüre ich eine quälende Sehnsucht nach schöpferischem Ausdruck, scheine aber andererseits unfähig, diese Sehnsucht zu befriedigen. Meine Füße krampfen sich zusammen und versuchen, die Haut zu durchstoßen wie bei einer sich häutenden Schlange. Ich spüre, dass es vor allem um Vertrauen geht, doch gerade vor dem Loslassen, davor, mich dem Leben anzuvertrauen, fürchte ich mich.

Louises Antwort:
Nach allem, was ich über Fibromyalgie herausgefunden habe, scheint emotionale Spannung hierbei die Hauptursache zu sein. Starres und unbewegliches Denken trägt zu Steifheit und zur Bildung von Knoten in den Muskeln bei. Anspannung, Furcht und ängstliches Festhaltenwollen bewirken, dass der Körper sich verkrampft. Ich rate Ihnen, an einem Yogakurs teilzunehmen. Mithilfe dieser Übungen können Sie sehr gut lernen, Ihre Muskeln und Ihren Geist zu entspannen. Machen Sie sich gedanklich von äußeren Pflichten frei.

Sie sagen, Sie spüren eine quälende Sehnsucht nach schöpferischem Ausdruck, erwähnen aber nicht, nach welcher Form des Selbstausdrucks Sie sich sehnen, Ihre Füße signalisieren Ihnen, dass Sie gerne losgehen möchten. Ziehen Sie die Schuhe aus und tanzen Sie. Laufen Sie barfuß durch Gras oder Sand. Stellen Sie sich vor, dass Sie durch die Luft fliegen, frei wie ein Vogel. Geben Sie sich selbst die Erlaubnis, frei zu sein. Nehmen Sie einen Monat Urlaub und verreisen Sie allein. Immer wenn Sie ausatmen, vertrauen Sie darauf, dass der nächste Atemzug kommt. Wenden Sie dieses Vertrauen auch auf den nächsten Schritt in Ihrem Leben an. Die ganze Welt wartet auf Sie. Bekräftigen Sie: ICH BIN LEBENDIG UND FREI. DIE SCHWINGEN DES GLÜCKS TRAGEN MICH ZU NEUEN, HERRLICHEN ERFAHRUNGEN.

Liebe Louise,
in meiner Kindheit litt ich, eine heute vierzigjährige Frau, unter einer Mutter, die Alkoholikerin war, und einem verbal und körperlich gewalttätigen Vater. Vor zwei Jahren begann ich mit »innerer Heilungsarbeit«. Ich habe ein Problem, das mir sehr peinlich ist. Ich spüre aber, dass ich es offen eingestehen muss, um es überwinden zu können.

Ich bin attraktiv und intelligent, doch wieso »verletze« ich mich ständig selbst? Ich weiß nicht mehr, wann es begonnen hat, aber ich knibbele die Haut von meinen Füßen ab und esse sie oft sogar. Manchmal mache ich das so lange, bis die Haut ganz blutig ist. Auch mit meiner Kopfhaut habe ich ein Problem – ganz egal, wie oft ich mir die Haare wasche oder welches Shampoo ich benutze, immer wieder schält sich meine Kopfhaut. Und um ehrlich zu sein, ich kann das jedes Mal kaum erwarten, weil ich dann auch dort knibbeln und kratzen kann, bis es blutet.

In einem Ihrer Bücher habe ich gelesen, dass die Haut mit unserem Selbstwertgefühl in Zusammenhang steht. Dass mit meinem Selbstwertgefühl etwas nicht stimmt, zeigt sich auch an meinen finanziellen Problemen: Jeden Monat sabotiere ich meine guten Vorsätze, endlich etwas Geld zu sparen.

Ich warte gespannt auf Ihre Antwort.

Louises Antwort:
In Ihrer Kindheit haben Ihre Eltern unbarmherzig auf Ihnen herumgehackt. Jetzt führen Sie die Familientradition fort, indem Sie selbst an sich »herumpicken«, bis Ihre Haut ganz blutig ist. Ein Teil von Ihnen glaubt immer noch an die alte Botschaft aus Ihrer Kindheit, dass Sie »nicht gut genug sind und Bestrafung verdienen«. Wir sind so fügsame kleine Kinder, dass wir nahezu alle »familiären Botschaften« akzeptieren, wie wirr, unrealistisch und dumm sie auch sein mögen. Inzwischen haben Sie aber wirklich genug gebüßt; das sollte von nun an für Sie der Vergangenheit angehören. Ich erteile Ihnen hiermit Absolution; eine weitere Bestrafung ist nicht nötig. Der Fluch ist von Ihnen genommen.

Vergessen Sie die Vergangenheit. Ich möchte, dass Sie von diesem Moment an nur noch daran denken, was Sie sich für Ihr Leben wünschen. Denken Sie Gedanken, die Ihnen Freude schenken und bei denen Sie sich gut fühlen. Ihr Denken erschafft Ihre Zukunft. Lassen Sie es die beste Zukunft werden, die Sie sich vorzustellen vermögen. Wenn Sie sich dabei ertappen, dass Sie an Ihrer Haut herumknibbeln, sollten Sie sofort ganz bewusst Ihren Eltern vergeben. Dazu empfehle ich Ihnen folgende Affirmation: ICH VERGEBE EUCH BEIDEN UND ICH BIN FREI, MICH SELBST ZU LIEBEN! Dadurch wird sich Ihr ganzes Leben zum Besseren verändern.

Liebe Louise,
ich habe einen Leistenbruch auf der linken Seite. Die Ärzte haben gesagt, dass ich mir deshalb keine Sorgen machen brauchte, solange ich keine Beschwerden hätte. In den letzten Wochen traten jedoch mehrfach Schmerzen auf, sodass ich mich zur Operation entschied. Als dann der Termin bevorstand, wurde ich krank, sodass die Operation verschoben werden musste.

Das ist seither noch mehrmals geschehen. Ich bin bereit für die Bruchoperation, aber immer kommt irgendetwas dazwischen. Ich verstehe nicht, warum das so ist. Gibt es einen Grund dafür, dass ich mich nicht operieren lassen soll? Als ich vor einiger Zeit an der rechten Leiste operiert wurde, verlief alles reibungslos. Darum dachte ich, links würde es ebenfalls keine Probleme geben. Was steckt Ihrer Meinung nach dahinter?

Louises Antwort:
Wenn Hindernisse auftreten, bedeutet das in der Regel, dass der Zeitpunkt für ein Vorhaben ungünstig ist. Es gibt einen Grund für die Verzögerung. Vertrauen Sie darauf, dass sich alles so entwickelt, wie es Ihrem höchsten Wohl entspricht. Gibt es seelische Lasten, die Sie mit sich herumschleppen? Leistenbrüche stehen oft für Stress und al-

te seelische Belastungen. Wie können Sie sich diese Last erleichtern? Welchen Menschen sollten Sie vergeben? Mit diesen Fragen sollten Sie sich einmal in Ruhe beschäftigen, bevor Sie sich erneut zur Operation anmelden. Und senden Sie Ihrem Körper bis dahin viel Liebe, besonders Ihrem Bauch und der Lendengegend. Stellen Sie sich während der morgendlichen Meditation vor, dass heilende Energie Sie durchströmt. Machen Sie sich bewusst, dass das Leben in Ihnen auf göttliche Weise zum Ausdruck kommt. Eine gute Affirmation für Sie lautet: ICH VERDAUE DAS LEBEN MIT FREUDE UND LEICHTIGKEIT. ALLES IST GUT IN MEINER NÄHE.

Liebe Louise,
ich schreibe Ihnen, weil ich nicht mehr weiterweiß. Der Mann, mit dem ich seit zehn Jahren verheiratet bin, ist Alkoholiker. Früher hat er immer wieder mit dem Trinken aufgehört, doch zuletzt dauerte die Trinkerei über drei Monate. Da beschloss ich, mich von ihm zu trennen. Zuerst versuchte ich, seinen Alkoholismus zu akzeptieren und bei ihm zu bleiben, aber ich konnte es einfach nicht mehr ertragen.

Ich habe starke Schmerzen in den Armen, im Kiefer, und oft tut mir der ganze Körper weh. Ich habe zu meditieren begonnen, aber manchmal scheinen die Beschwerden dadurch noch schlimmer zu werden! Ich arbeite mit Affirmationen, doch es fällt mir sehr schwer, daran zu glauben, dass ich es verdiene, glücklich zu sein. Die Schmerzen werden immer schlimmer und manchmal fühle ich mich ganz hilflos. Der Arzt will mir Antidepressiva verschreiben. Ich würde gerne Ihre Meinung zu diesen Medikamenten hören. Eigentlich möchte ich sie nur nehmen, wenn es gar nicht mehr anders geht. Meine Gelenke und Sehnen werden immer steifer und entzündeter. Geben Sie mir bitte einen Rat. Ich werde immer erschöpfter.

Louises Antwort:
Gott sei Dank sind Sie ausgezogen. Sie sind nicht für die Trinkerei Ihres Mannes verantwortlich und können ihn auch nicht davon heilen. Bei ihm zu bleiben, würde Ihr Leben zerstören. Daher möchte ich Sie zu diesem ersten Schritt beglückwünschen.

Jetzt müssen Sie sofort etwas für Ihren Körper tun und sich Bewegung verschaffen. Bewegung ist eines der besten Heilmittel gegen Depressionen. Gehen Sie ins Fitnessstudio oder in einen Yogakurs. Falls das nicht möglich ist, sollten Sie mindestens einmal täglich mit den Fäusten auf Ihr Bett eindreschen und Ihre Gefühle dabei herausschreien. Sie müssen wirklich laut schreien und mit den Fäusten auf die Matratze hämmern.

Statt eines chemischen Antidepressivums sollten Sie Johanniskraut nehmen. Johanniskraut ist ein natürliches pflanzliches Antidepressivum. Es hat *keine* Nebenwirkungen und Sie bekommen es in jedem Reformhaus. Johanniskraut wurde von den Menschen seit jeher benutzt. In letzter Zeit hat man es wieder entdeckt, weil es so gut bei seelischen Belastungen und Depressionen hilft.

Nehmen Sie an einem Zwöfstufenprogramm teil; Al-Anon (siehe Seite 398; Anm. d. Übers.) ist in Ihrer Situation besonders geeignet. Dort werden Sie viele Leute treffen, die wie Sie Angehörige von Alkoholikern sind. Sie brauchen Liebe und Sie brauchen Unterstützung. Eine gute Affirmation für sie lautet: ICH SEGNE MEINEN MANN LIEBEVOLL UND GEBE IHN FREI. ICH BIN FREI, MIR EIN WUNDERSCHÖNES NEUES LEBEN AUFZUBAUEN.

Liebe Louise,
kürzlich hatte ich, eine zweiundfünfzigjährige Frau, ein Erlebnis, bei dem ein Teil von mir buchstäblich in Stücke brach. Ich fiel von einem hohen Bordstein auf meinen Ellbogen. Da ich an leichter Osteoporose leide, zog ich mir dabei einen ziemlich komplizierten Bruch zu. Ich musste operiert werden – wobei Stahlnägel und eine Platte eingesetzt und Knochensplitter entfernt wurden.

Derzeit versuche ich, mich von dem Unfall zu erholen, doch ich habe immer unter einer extremen Angst vor Ärzten, Krankenhäusern und Schmerzen gelitten. Damit bin ich nun reichlich konfrontiert. Auch verlor ich wegen der Verletzung meinen Job.

Haben Sie einen Rat für mich, wie ich diese Heilungsperiode besser durchstehen kann? Ich glaube, dass sich die Heilung wegen meiner Angst vor physischen Schmerzen verzögert. Ich fürchte mich vor der Physiotherapie, weil sie bestimmt sehr schmerzhaft sein wird.

Louises Antwort:
Furcht ist eine Emotion, die unser Leben besonders stark beeinträchtigen kann. Ich habe den Eindruck, dass Sie Ihr ganzen Leben lang vor Ihrer eigenen Furcht davongelaufen sind. Gewiss geht diese Furcht auf ein frühes Kindheitserlebnis zurück. Nun terrorisieren Sie sich selbst mit

Ihren Gedanken. Sie sollten wirklich liebevoller mit sich umgehen.

Die so genannten Notfalltropfen, das ist eine besimmte Bach-Blütenessenz, können Ihnen in der momentanen Situation helfen, Ihre Nerven zu beruhigen. Bach-Blütenessenzen bekommen Sie in vielen Apotheken oder direkt vom Bach-Centre*. Bejahen Sie oft: JEDE HAND, DIE MEINEN KÖRPER BERÜHRT, IST EINE HEILENDE HAND UND ICH BIN STETS SICHER UND GEBORGEN. Diese Affirmation sollten Sie so oft wie möglich in Gedanken wiederholen. Sie wird Ruhe in Ihren Geist bringen. Und vergessen sie nicht, Ihre Ärzte und Therapeuten liebevoll zu segnen. Musik, Imaginationsarbeit und Selbsthypnose können den Heilungsprozess unterstützen. Versetzen Sie sich während der Physiotherapie-Sitzungen gedanklich an einen Ort, wo Sie sich besonders wohl fühlen, und konzentrieren sie sich auf das Gute, die positiven Resultate der Therapie. Ihr Verstand ist ein wirkungsvolles Werkzeug. Nutzen sie diese Kraft zu Ihrem Wohl.

In wissenschaftlichen Untersuchungen wurde nachgewiesen, dass sich der durch Osteoporose bedingte Knochenabbau mithilfe eines *natürlichen* Progesterons rückgängig machen lässt. Ich empfehle Ihnen und allen Frauen dringend, sich unvoreingenommen über den eigenen Körper zu informieren. Viele unserer Informationen stammen von der pharmazeutischen Industrie, die uns ihre Produkte verkaufen will. Ein Buch, das ich in diesem Zusammenhang gern empfehle, ist *Frauenkörper, Frauenweisheit* von Dr. Christiane Northrup.

* Institut für Bach-Blütentherapie Mechthild Scheffer GmbH, Lippmannstraße 57, 22769 Hamburg, Tel. 0 40/43 25 77-10, Fax 0 40/43 52 53.

Liebe Louise,
seit fast fünf Jahren leide ich unter quälenden Schmerzen im unteren Rückenbereich. Mitunter sind die Beschwerden beinahe unerträglich und zwingen mich in eine seitlich verkrümmte Schonhaltung. In Ihrem Buch Gesundheit für Körper und Seele *schreiben Sie, dass solche Beschwerden durch »Ängste in Bezug auf Geld« hervorgerufen werden können. Meinen Sie damit, dass ich mich vor dem Geld an sich fürchte oder vor dem Mangel daran?*

Auch sind die Schmerzen vor allem auf der rechten Seite lokalisiert und auf dieser Körperseite treten bei mir zudem anfallsweise Herpes und Schuppenflechte auf. 1975 mussten mir nach einem Arbeitsunfall die Finger meiner rechten Hand amputiert werden. Gibt es dafür eine Erklärung? Ein zugrunde liegendes Muster?

Eine letzte Frage: Wirken Affirmationen auch dann, wenn die Person, die sie anwendet, skeptisch ist? Spielt der Glaube bei der Heilung eine Rolle?

Louises Antwort:
Um innere Muster aufzulösen, die körperliche Schmerzen verursachen, ist es sinnvoll, unsere Beziehung zu den Eltern zu überprüfen. Die rechte Körperhälfte repräsentiert unsere männliche Seite, die linke unsere weibliche Seite. Da Ihre körperlichen Probleme sich vorwiegend auf der rechten Seite zeigen, besteht bei Ihnen möglicherweise eine tief sitzende Wut gegenüber Ihrem Vater. Welche ungelösten Probleme gibt es in der Beziehung zu ihm? Bei starken chronischen Schmerzen spielen lang anhaltende Schuldgefühle eine Rolle. Ich versichere Ihnen aber, dass es nichts gibt, weswegen Sie sich schuldig fühlen müssten.

Wenn wir an früheren Enttäuschungen und alten Grollgefühlen festhalten, kann sich das verheerend auf unser körperliches Befinden auswirken. Ich weiß, dass Vergebung mitunter schwierig ist, aber ohne sie können wir nicht frei werden. Mir scheint, Sie sitzen in einem Gefängnis des Schmerzes, das Sie sich unwissentlich selbst erschaffen haben.

Ohne es wirklich zu wollen, lassen wir oft zu, dass unser Denken ständig um alte Verletzungen und Kränkungen kreist, was um uns herum eine Atmosphäre der Negativität erzeugt. Dadurch ziehen wir dann immer neue negative Erfahrungen in unser Leben. Ich schlage vor, dass Sie sich einen Therapeuten oder Berater suchen, der Ihnen dabei hilft, diese negativen Muster zu überwinden.

Affirmationen haben in Ihrem Leben immer schon gewirkt. Jeder Gedanke, den Sie denken, und jedes Wort, das Sie sprechen, ist eine Affirmation, auf die das Leben in irgendeiner Form reagiert. In der Vergangenheit waren diese Affirmationen häufig negativ und brachten negative Resultate hervor. Doch Sie können sich von jetzt an für positive, verzeihende Gedanken und Worte entscheiden. Dadurch wird Ihr Leben sich zum Besseren verändern.

Benutzen Sie die folgende Affirmation: ICH LASSE ES GESCHEHEN, DASS DIE LIEBE IN MEINEM HERZEN DIE VERGANGENHEIT HEILT, UND ICH BIN FREI.

Liebe Louise,
ich bin nicht sicher, ob Sie mir weiterhelfen können, aber mein siebenundzwanzigjähriger Sohn leidet seit kurzem unter Krampfan-

fällen. Die Ärzte konnten bisher keine Ursache feststellen. Gibt es irgendetwas, das Sie mir empfehlen können? Eine besondere Ernährung? Natürliche Heilmethoden, Gesundheitsliteratur, Körperübungen oder dergleichen? Ich liebe meinen Sohn sehr.

Louises Antwort:
Wir leben heute bereits in der zweiten Generation mit den »Segnungen« der modernen Nahrungsmittelindustrie: Fastfood, chemisch veränderte Nahrung und Fertiggerichte. Wenn Sie die Etiketten auf den Lebensmitteln im Supermarkt lesen, wird Ihnen klar, was wir unserem Körper alles zumuten.

Ich würde Ihnen empfehlen, Ihren Sohn zu einem guten Ernährungsberater zu schicken, der mit dem behandelnden Arzt zusammenarbeiten sollte. Ich will nicht sagen, dass gesunde Ernährung die alleinige Antwort ist, aber sie spielt eine wichtige Rolle für unser Wohlbefinden. Gehen Sie in eine Bibliothek und lesen Sie alles, was Sie über natürliche Behandlungsmethoden finden können. Wertvolle Informationen darüber, wie sich die Selbstheilungskräfte des Körpers auf natürlichem Wege steigern lassen, finden Sie in dem Buch *Spontanheilung* von Andrew Weil. Ich möchte Sie ausdrücklich ermutigen, alternative Heilmethoden in Betracht zu ziehen.

Bekräftigen Sie möglichst oft: MEIN SOHN IST EIN KIND DES UNIVERSUMS, HEIL UND VOLLKOMMEN. ER FINDET SEINEN PERFEKTEN WEG DES SELBSTAUSDRUCKS.

Liebe Louise,
ich leide unter schrecklichem Mundgeruch und fühle mich dadurch stark beeinträchtigt, da ich einen Beruf ausübe, in dem der direkte Kontakt mit Menschen sehr wichtig ist.

Ich war bereits bei einem Magenspezialisten (der nichts finden konnte) und einem Hals-Nasen-Ohren-Arzt (der glaubt, die Ursachen seien rein psychischer Natur). Ich nehme Vitamine ein, trinke und rauche nicht und mein sonstiger Gesundheitszustand ist gut.

Ich erwäge, einen Endokrinologen aufzusuchen, um festzustellen, ob mit meinen Drüsen etwas nicht stimmt. Und ich möchte einen Zahnarzt konsultieren, um abzuklären, ob möglicherweise das Metall in meinen Zahnkronen für den üblen Geruch verantwortlich ist.

Louises Antwort:
Unser Atem ist unsere eigentliche Lebensenergie. Er kommt aus dem Zentrum unseres Seins und repräsentiert oft unsere innersten Gedanken. In ständigem schlechtem Mundgeruch könnten sich eine tief sitzende Verbitterung und unterschwellige Grollgefühle widerspiegeln. Wenn es in Ihrer Vergangenheit etwas gibt, das der Vergebung bedarf, dann rate ich Ihnen, es aufzuarbeiten, um sich davon zu befreien. Vielleicht wissen Sie nicht, *wie* Sie Vergebung praktizieren sollen, aber wenn Sie Ihre Bereitschaft erklären, wird das Universum schon einen Weg finden.

Auf der körperlichen Ebene ist es sicher sinnvoll, dass Sie Ihren Zahnarzt konsultieren, denn faule Zähne sind häufig für Mundgeruch verantwortlich. Möglicherweise gibt es da einen Entzündungsherd, der beseitigt werden sollte, oder Ihr Zahnfleisch benötigt eine Sanierung. Da die Ernährung für unsere Gesundheit eine größere Rolle spielt, als die meisten Leute glauben, empfehle ich Ihnen außerdem, einen guten Ernährungsberater aufzusuchen. Ein Übermaß an Fleisch, Süßigkeiten und zuckerhaltigen Getränken kann Zähne und Zahnfleisch sehr in Mitleidenschaft ziehen. Möglicherweise liegt auch eine Lebensmittelallergie vor.

Die folgende Affirmation könnte hilfreich sein: ICH WEISS, DAS ZENTRUM MEINES WESENS IST REIN UND SÜSS, UND ICH VERSTRÖME DIESE REINHEIT, WO IMMER ICH HINGEHE.

Liebe Louise,
von den vier Nahrungsmittelgruppen reagiere ich auf zwei allergisch, nämlich auf Milchprodukte und Obst, und aus Fleisch mache ich mir nichts. Entweder muss ich mich also ausschließlich von Gemüse ernähren oder ich finde einen Weg, mein Problem in den Griff zu bekommen.

Manchmal kommt es vor, dass ich all die Dinge esse, die ich so gern mag, und das rächt sich dann jedes Mal bitter. Ich liebe zum Beispiel Wein, Eiscreme und Hustenbonbons, vertrage das alles aber überhaupt nicht. Ich verwende sogar Kosmetikprodukte, die auf Frucht- oder Milchbasis hergestellt sind. Doch dann bekomme ich hohes Fieber, es juckt mich am ganzen Körper und ich habe Atemprobleme. Einmal habe ich es so weit getrieben, dass ich im Krankenhaus landete.

Ich weiß, das klingt, als würde ich mich selbst sabotieren. Und vermutlich ist das manchmal tatsächlich der Fall. Ich möchte so gut wie möglich für meinen Körper sorgen, und wenn das bedeutet, diese Lebensmittel nicht zu essen, dann muss es wohl so sein.

Aber zuerst will ich alle Möglichkeiten ausprobieren, mein Allergieproblem vielleicht doch noch loszuwerden oder es wenigstens in den Griff zu bekommen. Für Ihren Rat wäre ich sehr dankbar.

Louises Antwort:
Warum wollen Sie denn unbedingt Dinge essen oder verwenden, die Ihrem Körper offensichtlich nicht gut tun? Mir erscheint dieses Verhalten ziemlich lieblos. Was ist in der Vergangenheit geschehen, das Sie veranlasst, sich selbst auf diese Weise zu bestrafen?

Falls Sie mit dieser allergischen Reaktion auf die Welt gekommen sind, handelt es sich um etwas, das Sie ausgewählt haben, um in diesem Leben damit Frieden zu schließen. Haben Sie die Allergie dagegen erst später erworben, sollten Sie sich fragen, bei welcher Gelegenheit die Beschwerden zum ersten Mal aufgetreten sind. Was ist damals in Ihrem Leben geschehen? Gibt es etwas, das der Vergebung und Heilung bedarf? Ihr Problem beinhaltet eine Lektion für Sie und Sie sollten bereit sein, diese Lektion zu lernen.

Ich empfehle Ihnen, für mindestens ein oder zwei Jahre ausschließlich Nahrungsmittel zu essen, die gesund für Sie sind und heilend wirken. Sie können nicht ständig zwischen verschiedenen Ernährungsweisen hin und her springen und erwarten, sich dabei gut zu fühlen. Als ich an Krebs erkrankt war, schien ich mich monatelang von nichts anderem als püriertem Spargel und Sprossen ernähren zu müssen. Dass ich diese Diät einhielt, leistete einen wichtigen Beitrag zu meiner Gesundung.

Informieren Sie sich über alternative, naturheilkundliche Behandlungsmethoden bei Allergien. Auch die traditionelle chinesische Medizin könnte hilfreich sein.

Schließen Sie Frieden mit Ihrem augenblicklichen Zustand. Sie müssen zunächst die momentane Situation annehmen, wie sie ist, bevor Sie Ihre Lektion lernen und zur nächsthöheren Ebene weiterschreiten können. Eine gute Affirmation für Sie lautet. ICH GENIESSE DIE LEBENSMITTEL, DIE AM GESÜNDESTEN FÜR MICH SIND. WENN ICH IM FRIEDEN BIN, FLIESSEN MIR ALLE ANTWORTEN ZU, DIE ICH BENÖTIGE.

Liebe Louise,
ich war den größten Teil meines Lebens körperlich in sehr guter Verfassung. Dann, vor drei Jahren (mit dreiundvierzig), wurde ich krank und musste zweimal operiert werden. Während ich mich davon erholte, entdeckte ich Ihre Bücher und habe viel darin gelesen, was ich sehr inspirierend fand. Nun ist es so, dass bei mir seit diesen Operationen immer neue Gesundheitsprobleme auftreten. Ich habe so viel vor (künstlerische Projekte, ehrenamtliche Arbeit, spirituelles Wachstum), aber wenn ich krank werde, bin ich immer völlig deprimiert. Dann lebe ich nicht länger mein Leben, sondern schleppe mich nur noch durch den Alltag.

Ein Teil von mir ist fest überzeugt, dass diese immer neuen Krankheiten (alle im Verdauungs- und Genitalbereich) Botschaften sind, etwas, das ich selbst verursacht habe. Doch wenn ich krank bin, scheine ich jedes Mal völlig unfähig, die spirituellen Erkenntnisse umzusetzen, von denen ich gelesen habe. Wenn ich meine Krankheiten selbst hervorbringe, müsste ich doch auch in der Lage sein, eine Heilung herbeizuführen, nicht wahr? Doch dann habe ich Angst, dass ich Affirmationen, Meditationen und dergleichen anwende und sie nicht funktionieren und dass ich mich hinterher nur noch schlechter fühlen werde als zuvor. Gegenwärtig stecke ich in einer ziemlich deprimierenden Sackgasse. Können Sie mir ein paar Empfehlungen geben, wie ich mein Leben wieder in Schwung bringen kann?

Louises Antwort:
Affirmationen und Meditationen können in jedem Fall Ihre Lebensqualität steigern. Belasten Sie sich bitte zusätzlich zu Ihren körperlichen Beschwerden nicht auch noch mit Schuldgefühlen. Aus Ihrem Brief höre ich folgende unterschwellige Botschaft heraus: »Ich verdiene es nicht, gesund zu werden.« Welchen Elternteil ahmen Sie durch Ihr Kranksein möglicherweise nach? Haben bei Ihrer Mutter oder Ihrem Vater in diesem Alter ebenfalls Gesundheitsprobleme eingesetzt? Ist Kranksein Ihre einzige Möglichkeit, etwas Ruhe zu finden oder bestimmte Dinge zu tun, zu denen Sie sonst nicht kommen? Diese Fragen sollten Sie sich unbedingt stellen, denn es könnte sich um ein familiäres Muster handeln.

Andererseits ist dreiundvierzig auf der körperlichen Ebene ungefähr das Alter, in dem die gesundheitlichen Folgen von »Junkfood«, aber auch unserer »normalen«, an industriell veränderten Nahrungsmitteln reichen Kost (20 Prozent Zukker und 37 Prozent Fett) anfangen, sich negativ bemerkbar zu machen. Die bestverkäuflichen Waren in unseren Supermärkten sind Limonaden, Dosensuppen, industriell verarbeiteter Käse und Bier. Kein Wunder, dass so viele Menschen übergewichtig und krank sind. Die Zellen unseres Körpers sind lebendig und benötigen daher lebendige Nahrung, um auf gesunde Weise wachsen und sich teilen zu können.

Wir sind, was wir denken und was wir essen. Wir müssen unserer Nahrung größere Aufmerksamkeit schenken. Meine Philosophie bezüglich gesunder Ernährung ist einfach: Wenn es natürlich wächst, iss es; wenn es nicht natürlich gewachsen ist, iss es nicht. Obst, Gemüse, Nüsse und Getreidekörner wachsen auf natürliche Weise. Industriell hergestellte, chemisch veränderte Nahrungsmittel können kein Leben enthalten, wie appetitanregend die Verpackung auch bedruckt sein mag. Lassen Sie sich von einem guten Ernährungsspezialisten beraten. Möglicherweise werden Sie überrascht sein, wie positiv sich eine Ernährungsumstellung auf Ihre Gesundheit auswirkt. Bejahen Sie: ICH BIN OFFEN FÜR DEN NÄCHSTEN SCHRITT AUF MEINEM HEILUNGSWEG.

Bei guter Gesundheit zu sein ist mein göttliches Recht

Ich bin offen und empfangsbereit für alle heilenden Energien im Universum. Ich weiß, dass jede Zelle meines Körpers intelligent ist und sich selbst zu heilen vermag. Mein Körper strebt immer nach vollkommener Gesundheit. Ich gebe jetzt alle Überzeugungen auf, die meiner vollständigen Gesundung im Wege stehen. Ich informiere mich über Ernährung und gebe meinem Körper gesunde, vollwertige Nahrungsmittel. Ich beobachte mein Denken und denke ausschließlich gesunde Gedanken. Ich verjage alle Gedanken des Hasses, der Eifersucht, der Wut, der Furcht, des Selbstmitleids, der Scham und der Schuld aus meinem Bewusstsein. Ich vergebe allen, von denen ich glaube, dass sie mich gekränkt oder verletzt haben. Ich vergebe mir, dass ich andere verletzt und mich in der Vergangenheit nicht genug geliebt habe. Ich liebe meinen Körper. Ich sende Liebe in jedes Organ, jeden Knochen, jeden Muskel und alle übrigen Teile meines Körpers. Ich lasse Liebe durch jede Zelle meines Körpers strömen. Ich bin meinem Körper dankbar für die gute gesundheitliche Verfassung, in der ich oft war. Ich akzeptiere hier und jetzt Heilung und gute Gesundheit.

Mein Körper ist friedvoll,
gesund und glücklich,
ebenso wie ich.

6. KAPITEL

Karriere

Mit meiner Arbeit
diene ich dem Leben
auf liebevolle Weise.

Wenn Sie sich für eine Arbeit entscheiden, sollten Sie sich dabei nicht von Furcht leiten lassen, sondern von Ihrem liebenden Herzen. Wenn Sie aus dem Herzen heraus handeln, werden Eitelkeit und Stolz belanglos, denn dann sind innere Freude und die Stille des Universums Ihr Lohn.

Wenn Sie Ihren täglichen Pflichten nachkommen, sollten Sie sich dabei von dieser Freude leiten lassen, dann wird Ihre Arbeit reiche Früchte tragen und mithelfen, Leiden zu lindern. Wenn Sie fröhlich lächelnd und mit einem vor Liebe überfließenden Herzen Ihre Arbeit versehen, erledigen Sie alle Aufgaben mit der fließenden Harmonie und der Leichtigkeit wahren Friedens.

Wenn Sie sagen, Ihre Arbeit sei eine Last, haben Sie den Sinn des Lebens noch nicht begriffen. Keine Aufgabe ist schmerzlich oder unangenehm, wenn Sie die darin enthaltene Möglichkeit, dem Leben zu dienen, wirklich lieben und wertschätzen. Das Leben verlangt nie mehr von Ihnen, als es zu geben bereit ist. Denn durch die Liebe wird die Arbeit zum Spiel und Sie werden zu einem Kind auf einer Entdeckungsreise voller Abenteuer.

Liebe Louise,
vor kurzem bin ich nach Atlanta gezogen und habe ein Versandgeschäft für Vitamine und Heilpflanzen gegründet. Ich habe bei diesem Projekt ein gutes Gefühl und möchte, dass es zu einem Erfolg wird. Da mein momentaner Arbeitsvertrag als Sekretärin nur befristet ist und bald ausläuft, widme ich mich nun mit Begeisterung dem Aufbau des Versandhandels.

Ich habe schon viel über den richtigen Dienst am Kunden

gehört und immer wieder ist mir der Satz begegnet: »Tu, was du liebst, dann kommt das Geld von allein.« Ich möchte auf jeden Fall meinen künftigen Kunden einen echten Dienst erweisen. Es geht mir nicht darum, einfach nur schnelles Geld zu verdienen. Können Sie mir dazu ein paar Tipps geben?

Louises Antwort:
Ist es nicht ein herrliches Gefühl, ein eigenes Geschäft zu gründen? Wussten Sie, dass 35 Prozent aller Unternehmen in Amerika von Frauen gegründet werden? Ich beglückwünsche Sie, dass Sie ebenfalls diesen Weg einschlagen. Glauben Sie fest daran, dass Ihnen alle Möglichkeiten für eine glänzende Karriere offen stehen! Denken Sie nicht ans Geld. Bieten Sie ein gutes Produkt, eine gute Dienstleistung an, die das Leben Ihrer Kunden wirklich verbessert. Bieten Sie einen guten, zuverlässigen Service. Mit diesem Plus an Engagement und Service werden Sie Kunden fürs Leben gewinnen. Segnen Sie, ehe Sie die Post öffnen oder den Telefonhörer abheben, liebevoll die zu bearbeitende Bestellung oder den jeweiligen Gesprächspartner. Zahlen Sie pünktlich Ihre Rechnungen. Beliefern Sie die Kunden rasch und zuverlässig. Fügen Sie jeder Lieferung ein kleines Präsent bei, vielleicht ein Kärtchen mit einer Affirmation. Betrachten Sie alle Ihre Geschäftsverbindungen als Gelegenheiten, das Wohl aller Beteiligten zu mehren. Wenn Sie liebevoll geben, wird Ihnen das Geld wie von allein zufließen. Bekräftigen Sie oft: ICH VERDIENE WOHLSTAND UND ERFÜLLUNG. MEIN EINKOMMEN WÄCHST UNAUFHÖRLICH. ICH HABE ERFOLG UND ICH BIN STETS SICHER UND GEBORGEN.

Liebe Louise,
ich bin ein sehr fähiger, intelligenter Sportlehrer Mitte vierzig, aber ich schaffe es einfach nicht, längere Zeit an einer Schule zu bleiben. Immer wenn ich eine neue Stelle antrete, wo scheinbar ideale Arbeitsbedingungen herrschen, stellt sich bald heraus, dass es in der Schulleitung irgendeinen Idioten gibt, der mir Steine in den Weg legt, wo er nur kann. Meistens sind sie eifersüchtig auf mich, weil ich unter den Schülern sehr beliebt und anerkannt bin. Manchmal liegt es daran, dass ich offen meine Meinung sage, wenn ich das für erforderlich halte. So etwas können die Leute von der Schulleitung häufig nicht ertragen, weil sie glauben, dass es ihre Autorität infrage stellt. Also werde ich wieder einmal gefeuert.

Glauben Sie, dass der Fehler bei mir liegt? Warum gerate ich immer wieder an derartig beschränkte Vorgesetzte? Für einen Rat wäre ich Ihnen sehr verbunden.

Louises Antwort:
Auf keinen Fall sollten Sie an sich selbst zweifeln. Sie tragen jedoch ein altes familiäres Muster aus der Kindheit in Ihr Berufsleben hinein. Das geht vielen Leuten so. Dann verstehen wir nicht, warum wir immer wieder an einen Chef geraten, der uns behandelt wie früher unser Vater oder unsere Mutter. An welches Familienmitglied erinnern Sie diese »Idioten«, die in den Schulleitungen sitzen? Damit meine ich nicht ihr Aussehen, sondern ihr Verhalten. Wer in Ihrer Familie hat Sie auf eine solche Weise behandelt? Das ist der Mensch, dem Sie vergeben müssen. Solange Sie den alten familiären Ballast mit sich herumschleppen, werden Sie an jeder neuen Arbeitsstelle die gleichen Probleme bekommen.

Es hat keinen Sinn, Ihre Vorgesetzten einfach als »Idioten« zu bezeichnen, denn sie trifft ebenso wenig Schuld wie Sie. Diese Leute spiegeln lediglich Ihr Muster wider und übernehmen jene Rolle, von der Sie auf unbewusster Ebene erwarten, dass sie sie für Sie spielen. Ich empfehle Ihnen, Spiegelarbeit zu machen. Setzen Sie sich vor einen Spiegel und sprechen Sie mit dem Elternteil, dem Sie vergeben möchten. Handelt es sich dabei beispielsweise um Ihren Vater, sagen Sie ihm alles, was zu sagen Ihnen schwer fiele, wenn er Ihnen tatsächlich gegenübersäße. Wenn Sie Ihre ganze Wut und Frustration herausgelassen haben, sagen Sie Ihrem Vater, dass Sie ihm vergeben. Machen Sie sich bewusst, dass er sich entsprechend seinem damaligen Wissen bemüht hat, sein Bestes zu geben. Danach sagen Sie sich jedes Mal, wenn Sie an ihn denken müssen: ICH VERZEIHE DIR UND ICH GEBE DICH FREI. Auch wenn Sie an frühere Vorgesetzte denken müssen, über die Sie sich geärgert haben, sagen Sie: ICH SEGNE DICH LIEBEVOLL UND ICH VERGEBE DIR. Wenn Sie Ihr Bewusstsein auf diese Weise reinigen, werden Ihre beruflichen Probleme schon bald der Vergangenheit angehören.

Liebe Louise,
ich bin sechsundzwanzig und versuche, ein Klinikpraktikum als Chiropraktikerin hinter mich zu bringen. Aber ich fühle mich als Versagerin, weil ich einfach nicht weiß, wie ich jemals die Ausbildung schaffen, anschließend meinen Lebensunterhalt verdienen und die Schulgebühren abzahlen soll. Außerdem glaube ich inzwischen, dass die Chiropraktik gar nichts für mich ist. Wenn ich mich in der Schule beklagte, wurde mir immer gesagt, dass

mir während des Klinikpraktikums alles viel besser gefallen würde. Aber hier finde ich es noch schlimmer als an der Schule.

Ich bin die ganze Zeit über furchtbar müde und deprimiert. Außerdem habe ich über zwanzig Kilo zugenommen und schlage mich mit Verdauungsproblemen und Menstruationsstörungen herum. In letzter Zeit ertappe ich mich immer wieder bei dem Wunsch, ernsthaft krank zu werden, weil ich dann eine Entschuldigung dafür hätte, die Ausbildung abzubrechen. Manchmal wünsche ich mir, ich hätte einen Unfall, und ich habe auch schon an Selbstmord gedacht. Diese Gedanken erschrecken mich, aber wenn ich an die weitere Ausbildung und die Prüfungen denke, verlässt mich einfach aller Mut. Meine Frage lautet: Wie kann ich diese Zeit durchstehen, die so schlimm ist, dass ich am liebsten sterben möchte? Oder soll ich einfach aufgeben, obwohl ich mich wegen meines Versagens dann furchtbar schämen müsste und hohe Schulden hätte, die ich nicht zurückzahlen könnte?

Louises Antwort:
Warum glauben Sie, eine Versagerin zu sein, nur weil Sie beschließen, einen anderen Weg einzuschlagen? Wer in Ihrer Familie wirft Ihnen so etwas vor? Wessen Erwartungen versuchen Sie zu erfüllen? Ich habe festgestellt, dass die Menschen von Begeisterung erfüllt sind und Freude am Leben haben, wenn sie das tun, was ihnen Erfüllung schenkt. Es scheint mir, dass Sie Ihre Bestimmung im Leben noch nicht gefunden haben. Vielleicht handelt es sich ja bei dieser Chiropraktikausbildung in Wahrheit um den Lebenstraum einer anderen Person, die Ihnen viel bedeutet und der Sie alles recht zu machen versuchen. Welche Tätigkeiten machen Ihnen Freude? Wobei jubelt Ihr Herz?

Horchen Sie aufmerksam in sich hinein, dann wird das Leben Ihnen Ihre wahre Bestimmung enthüllen. Wenn Sie tun, was Ihnen wirklich am Herzen liegt, werden Sie ganz automatisch über ein ausreichendes Einkommen verfügen, Ihr Gewicht wird sich stabilisieren und die Verdauungsprobleme werden verschwinden. Suchen Sie sich eine Aufgabe, die Sie wirklich glücklich macht. Segnen Sie den Weg, den Sie bisher beschritten haben, als eine wertvolle Lernerfahrung.

Breiten Sie Ihre Arme aus und öffnen Sie sich für die liebevolle, stärkende und nährende Energie des Universums. Sorgen Sie gut für sich selbst, sanft und liebevoll, während Sie neue Wege zu Glück und Erfüllung erproben. Eine wunderbare Affirmation für Sie lautet: ICH HABE VERTRAUEN IN DEN LAUF DES LEBENS. JEDE ENTSCHEIDUNG, DIE ICH TREFFE, IST RICHTIG UND GUT. ICH GEHE SICHER UND GEBORGEN DURCH ALLE TURBULENZEN DES LEBENS. LIEBEVOLL LÖSE ICH MICH JETZT VON MEINER VERGANGENHEIT UND FINDE EINE NEUE BERUFLICHE AUFGABE, DIE MIR FREUDE UND BEFRIEDIGUNG SCHENKT.

Liebe Louise,
ich bin sehr unsicher, welchen Weg ich zukünftig einschlagen soll. Seit neunundzwanzig Jahren arbeite ich als Grundschullehrerin. Das war nie leicht, es gab viele Höhen und Tiefen. Jetzt möchte ich diesen Beruf aufgeben. Ich kann einfach nicht mehr und habe eine Frühpensionierung wegen stressbedingter Berufsunfähigkeit beantragt. Wenn dieser Antrag abgelehnt wird, weiß ich nicht, was ich machen soll. Ich würde gerne für Mary Kay arbeiten,*

* Eine Organisation, die Komapatienten betreut.

weil mir die liebevolle Atmosphäre dort sehr gut gefällt. Doch bislang konnte ich meine Eignung für diese Arbeit noch nicht unter Beweis stellen, weil dafür neben dem Schuldienst keine Zeit bleibt. Ich möchte nicht länger für ein System arbeiten, das so wenig Verständnis für die wirklichen Probleme aufbringt, etwa für die Unzufriedenheit der Kinder und ihre Unfähigkeit, in diesem Klima etwas Sinnvolles zu lernen. Die Lehrpläne zu ändern ist auch keine Lösung. Ich habe einfach das Gefühl, mit meiner Arbeit bei den Kindern nichts mehr bewirken zu können.

Meine bisherigen Erfahrungen (ich bin fünfzig, unverheiratet und ohne eigene Kinder) sollten mich, wie ich heute einsehe, zu der Erkenntnis hinführen, dass es in unserem Leben vor allem auf Liebe, Frieden und Freude ankommt. Können Sie mir einen Rat geben, welchen Weg ich einschlagen soll? Was geschieht, wenn es mit meiner Arbeit für Mary Kay nicht klappt? Davor habe ich Angst.

Louises Antwort:
Ihr Denken scheint mir sehr selbstquälerisch zu sein. Beobachten Sie einmal genau, welche Gedanken Ihnen Angst einflößen und welche Gedanken Sie in eine freudige, friedliche Stimmung versetzen. Sie müssen mit sich selbst ins Reine kommen und inneren Frieden finden, sonst werden Sie in einem neuen Beruf genauso unter Stress stehen wie in Ihrem jetzigen. Stress kommt immer von innen. Wenn die Lehrertätigkeit nicht mehr das Richtige für Sie ist, sollten Sie in der Tat den Beruf wechseln. Dies sollte jedoch nicht aus einer angstvollen Haltung heraus geschehen, sondern mit Liebe und Freude. Tun Sie das, was Sie sich wirklich von Herzen wünschen. Sorgen

Sie gut für sich selbst und beten Sie um Führung. Gehen Sie das Wagnis ein, sich vom Universum führen zu lassen, dann wird es Sie auf eine Weise unterstützen und fördern, die Ihre kühnsten Träume übertrifft. Sie haben Recht; es lohnt sich ganz gewiss, für eine Organisation wie Mary Kay zu arbeiten. Und ich bin sicher, dass Sie Ihre Sache dort sehr gut machen werden. Bekräftigen Sie möglichst oft: DAS LEBEN BIETET MIR IMMER NEUE LOHNENDE MÖGLICHKEITEN UND ALLES IST GUT.

Liebe Louise,
ich habe ein Problem mit meinem Chef. Seit drei Jahren versuche ich, wenigstens ein gutes Haar an diesem Mann zu finden, aber es gelingt mir nicht. Er verhält sich anmaßend und herablassend, spielt die Leute gegeneinander aus und macht der ganzen Belegschaft das Leben schwer. Einmal tut er, als meine er es gut mit einem, und im nächsten Augenblick setzt er einen vor den Kollegen herab. Drei Frauen haben Diskriminierungsklagen gegen ihn eingereicht, doch da es sich bei meiner Arbeitsstelle um eine Regierungsbehörde handelt, ist er immer noch da und sie wurden gefeuert.

Ich werde nicht vor diesem Kerl kapitulieren, aber ich glaube, ich könnte etwas Hilfe gebrauchen. Was raten Sie mir?

Louises Antwort:
Ihr Brief klingt, als würden Sie immer noch verzweifelt versuchen, Papas Zuneigung zu gewinnen. Nachdem ich Ihre Zeilen mehrfach gelesen habe, frage ich Sie: »Warum

arbeiten Sie immer noch für diesen Mann?« Selbstverständlich rate ich dazu, in jeder Situation die darin für uns enthaltene Lektion zu entdecken und zu akzeptieren. Ihre Lektion in diesem Fall besteht offensichtlich darin, alte seelische Konflikte aufzuarbeiten, damit Sie im Berufsleben nicht erneut so unerfreuliche Bedingungen vorfinden. Suchen Sie sich einen anderen Job! Sie handeln sehr lieblos sich selbst gegenüber, wenn Sie sich noch länger dieser Situation aussetzen. Und der Glaube, Sie könnten diesen Mann ändern, ist einfach unrealistisch. Eine gute Affirmation für Sie wäre: ICH BIN EIN FREUNDLICHER, LIEBENSWERTER MENSCH UND ICH ARBEITE FÜR FREUNDLICHE, LIEBENSWERTE MENSCHEN.

Liebe Louise,
ich arbeite erfolgreich als Künstler. Jedoch geschieht es immer wieder, dass mir jemand Entwürfe stiehlt oder unerlaubt eines meiner Werke kopiert.

Aus diesem Grund widerstrebt es mir inzwischen, anderen Menschen meine Arbeiten zu zeigen. Ich bin immer noch sehr kreativ und stelle alle meine Arbeiten öffentlich aus, doch unvermeidlich quält mich dann jedes Mal der Gedanke: Was ist, wenn jemand mir diesen Entwurf oder diese Idee stiehlt? Ich habe einige der Diebe zur Rede gestellt, doch sie zeigen wenig Schuldbewusstsein oder Bedauern. Meine einzige Möglichkeit wäre, vor Gericht zu ziehen, doch diesen Weg möchte ich nicht einschlagen.

Ich möchte nur gerne verstehen, warum mir das immer wieder geschieht. Ich brauche eine Affirmation, die mir hilft, alte, negative Energie in etwas Gutes umzuwandeln, damit ich nicht erneut solche Erlebnisse in mein Leben ziehe.

Louises Antwort:
Mir scheint, Ihr Denken ist auf Knappheit und Mangel ausgerichtet. Sie glauben, Ihre Schätze ängstlich horten zu müssen, statt auf die Fülle des Universums zu vertrauen. Diese Furcht, dass jemand Ihre Arbeiten stehlen und Sie Ihres Einkommens und Ihrer künstlerischen Anerkennung berauben könnte, ist etwas, das ich als »Armutsdenken« bezeichne. Sie sollten sich unbedingt der Tatsache bewusst werden, dass immer genug für alle da ist. Wenn Ihre Arbeiten gut sind, wird es immer Leute geben, die sie zu kopieren versuchen. Betrachten Sie das doch als Kompliment! Kunst gehört dem Universum, nicht einem einzelnen Menschen. Geben Sie der Welt großzügig von Ihren Talenten, dann wird das Universum Sie stets reich entlohnen.

Denken Sie Gedanken der Fülle und Prosperität, dann wird sich dieser Geisteszustand in Ihren Arbeiten und Ihrem künstlerischen Erfolg widerspiegeln. Mögen Sie erfolgreich sein und möge Ihr Herz offen und frei sein. Bejahen Sie: ICH SCHENKE DER WELT MEINE TALENTE UND FÄHIGKEITEN UND DAS UNIVERSUM GIESST SEIN FÜLLHORN ÜBER MIR AUS.

Liebe Louise,
ich habe ein Problem mit meinem Chef. Neunzig Prozent der Zeit ist er nett und umgänglich. Doch während der anderen zehn Prozent ist er ein tobender, schreiender Irrer, dessen schreckliche Wutausbrüche sich alle über mich ergießen (weil ich seine Sekretärin bin). Nach seinen Schreianfällen fühle ich mich jedes Mal am Boden zerstört und möchte am liebsten kündigen. Doch meine persönliche Situation (ich bin allein erziehende Mutter mit zwei Kindern) lässt das nicht zu.

Eigenartigerweise ist mein Chef nach seinen Wutausbrüchen immer völlig ruhig. Dann warte ich jedes Mal auf eine Entschuldigung, die aber nie kommt. Ich fürchte, dass er völlig ausrastet, wenn ich ihm (während einer seiner ruhigen Phasen) sage, dass sein Verhalten inakzeptabel für mich ist. Wie sollte ich mich Ihrer Meinung nach verhalten?

Louises Antwort:
Ihr Chef muss in einer Familie aufgewachsen sein, in der solche Wutausbrüche an der Tagesordnung waren. Er denkt, dass es normal ist, sich so zu verhalten, wenn etwas schief läuft. Das hat nichts mit Ihnen zu tun. Dennoch stehen Sie *unter dem Gesetz Ihres eigenen Bewusstseins,* das heißt, Sie werden sich immer eine Welt erschaffen, die so ist, wie Sie es zu verdienen glauben. Vermutlich handelt es sich um die Wiederholung einer Situation aus Ihrer Kindheit. Damals suchten Sie nach einer Erklärung, warum Sie eine solche Behandlung über sich ergehen lassen mussten. Und ebenso legen Sie sich jetzt einen Grund zurecht, warum Sie nicht kündigen können und diese schlechte Behandlung hinnehmen müssen. Wir Frauen müssen unser Selbstwertgefühl und unsere Selbstachtung stärken, damit wir endlich aufhören, ein solches Verhalten von Männern zu tolerieren.

Ich bin einmal in ein Mietshaus gezogen, dessen Eigentümer in dem Ruf stand, seine Mieter zu terrorisieren. Ich benutzte die Affirmation: ICH HABE IMMER EIN AUSGEZEICHNETES VERHÄLTNIS ZU MEINEN VERMIETERN. Er war die ganze Zeit über sehr freundlich zu mir, und als ich auszog, kaufte er sogar alle meine alten Möbel. Ich schlage Ihnen folgende Affirmation vor: ICH LIEBE MICH SELBST UND ICH

ARBEITE IMMER FÜR GANZ WUNDERBARE CHEFS. Wenn Sie diese Affirmation möglichst oft wiederholen, wird sie für Sie zum persönlichen Gesetz und dann werden Sie, wo immer Sie arbeiten, stets einen wunderbaren Chef antreffen.

P. S.: Ich leite eine sehr erfolgreiche Firma. Bei uns werden Angestellte niemals angeschrien oder unwürdig behandelt. Wir haben eine Viertagewoche und bei der Arbeit herrscht eine lockere, fröhliche Stimmung. Das ist das beste Erfolgsrezept und ich begreife nicht, wie man eine Firma anders führen kann!

Liebe Louise,
ich bin dreiundzwanzig Jahre alt und lebe und arbeite als Schauspieler in Los Angeles. Ich schreibe Theaterstücke und bekomme allmählich kleinere Rollen in Film- und Fernsehproduktionen. In letzter Zeit fühle ich mich jedoch blockiert. Ich habe das Gefühl, mit meinen schauspielerischen Fähigkeiten an eine Grenze gestoßen zu sein, die ich einfach nicht zu durchbrechen vermag. Dieses Problem hat etwas mit meinem Unvermögen zu tun, wirkliche Emotionen zu zeigen.

Intellektuell bin ich bereit, zu schluchzen, zu schreien oder zu lachen, doch wenn ich eine entsprechende Szene spielen soll, fühle ich mich kalt und taub. Wissen Sie einen Rat, wie ich diese Barriere durchbrechen kann?

Louises Antwort:
Ich vermute, in Ihnen gibt es ein furchtsames kleines Kind, das Angst davor hat, sich dumm zu benehmen und von

den anderen ausgelacht zu werden. Diese Angst hält Sie davon ab, die Schauspielerei zu genießen und Spaß an der Arbeit zu haben. Dieses Problem werden Sie auf intellektuellem Weg niemals lösen können. Ihr Denken kontrolliert Ihr Verhalten, weil Sie sich nicht trauen, loszulassen, sich gehen zu lassen.

Ich glaube, eine Rebirthing-Therapie könnte Ihnen weiterhelfen. Dabei wird Ihnen mithilfe einer bestimmten Atemtechnik in einer sicheren, geschützten Atmosphäre ermöglicht, sich von Schmerzen und Ängsten aus der frühen Kindheit zu befreien. Es gibt inzwischen viele Rebirthing-Therapeuten. Hören Sie sich einfach um, dann werden Sie sicher den für Sie richtigen finden.

Bis dahin können Sie die folgenden Affirmationen benutzen. Das wird Ihre Ängste lindern und Ihre Kreativität anregen: ICH BIN IMMER BEHÜTET UND GEBORGEN. ICH BIN FREI, ALL MEINE FREUDE OFFEN ZU ZEIGEN. DIE SCHAUSPIELEREI IST ETWAS WUNDERBARES UND SIE MACHT MIR GROSSEN SPASS!

Liebe Louise,
seit meinem vierten Lebensjahr spiele ich Klavier (nach Gehör), und das ist meine größte Liebe und Leidenschaft. Ich denke an nichts anderes. Jeden Tag bitte ich das Universum darum, meinen Lebensunterhalt mit der Musik verdienen zu können. (Noch spiele ich ohne Gage auf Hochzeiten und Partys.)

Leider ist seit einem Besuch bei einem Popkonzert vor zwei Jahren mein Gehör extrem empfindlich geworden. Ich habe leichte Tinnitusbeschwerden, doch vor allem scheint es sich um eine übermäßige Empfindlichkeit zu handeln. Zwei Ärzte haben untersucht, ob mein Gehör nachgelassen hat, doch sie konnten nichts feststellen. Man hat mir das Tragen spezieller Hörgeräte empfohlen, die manche Töne durchlassen und andere, schädliche abblocken. Im Moment trage ich fast ständig Ohrenstöpsel. Ich habe viel in Schallplattenläden gearbeitet und viele Konzerte besucht; ist durch die viele Musik ein bleibender Schaden an meinem Gehör entstanden?

Das Universum hat mir mein musikalisches Talent geschenkt, doch jetzt ist dieses Talent in Gefahr und ich verstehe nicht, warum. Das Hören bereitet mir Schmerzen. Was mir und anderen Freude schenkte, erfüllt mich jetzt mit Angst. Weil es so schmerzhaft für mich ist, sie zu hören, wird mir jetzt möglicherweise meine Musik genommen. Das wäre für jeden Menschen beängstigend, aber für einen Musiker ist es entsetzlich. Musik ist mein Leben. Sie zu verlieren wäre schrecklich.

Ich hoffe sehr, Sie können Licht in meine Problematik bringen, denn in mir wird es von Mal zu Mal dunkler, wenn ich mich ans Klavier setze.

Louises Antwort:
Mir scheint, Sie haben eine »Lebens-Überempfindlichkeit« entwickelt. Welches negative Erlebnis in Ihrem Leben war so stark, dass Sie deshalb die Sache zerstören, die Sie am meisten lieben? Welcher Person in Ihrem Umfeld würde es gefallen, wenn Sie auf die angestrebte Karriere als Musiker verzichten?

Ich vermute, vor zwei Jahren ist irgendetwas geschehen, das Sie sehr belastet. Daher sollten Sie zuerst einmal Vergebung praktizieren. Vielleicht wurde eine alte Prägung aus der Kindheit in Ihnen wachgerufen. Ihre Hörempfindlichkeit könnte ein Schutzschild sein, um sich gegen eine wichtige Erkenntnis zu sperren, die Sie nicht hören (also nicht wahrhaben) wollen. Entspannen Sie sich, lauschen Sie in sich hinein und bitten Sie Ihre innere Weisheit, Ihnen jene Botschaft zu entschlüsseln, die Ihnen derartig laut in den Ohren klingt, dass Sie sie gar nicht verstehen können. Bejahen Sie häufig: LIEBEVOLL UND FRIEDVOLL LAUSCHE ICH DEN BOTSCHAFTEN, DIE DAS LEBEN FÜR MICH BEREITHÄLT.

Liebe Louise,
immer schon fiel es mir schwer, die Frage zu beantworten: »Was willst du werden, wenn du erwachsen bist?« Ich finde es großartig, welche Karriere Sie sich aufgebaut haben, und ich bewundere Ihre Arbeit.

Einerseits bin ich optimistisch, dass sich auch bei mir die Dinge zum Guten wenden, wenn ich mich nur weiterhin bemühe, meine Lebensaufgabe zu finden. Dennoch bin ich oft frustriert, weil diese Suche jetzt schon so lange dauert. Manchmal überkommt mich sogar eine gewisse Torschlusspanik, obwohl ich erst fünfundzwanzig bin.

Welchen Rat können Sie mir für meine Karriere geben?

Louises Antwort:
Meine »Karriere« begann erst, als ich schon Mitte vierzig war. Der Start verlief sehr bescheiden und schleppend und zunächst zeichneten sich keine großen Erfolge ab. Damals hatte ich keine Ahnung, dass meine Arbeit eines Tages die Dimensionen annehmen würde, die sie heute besitzt. Ich bin, was man eine »Spätentwicklerin« nennt.

Vielleicht müssen Sie erst noch viel mehr über das Leben lernen, ehe Ihre eigentliche Aufgabe für Sie erkennbar wird. Den heutigen Tag können Sie nur heute erleben. Richten Sie Ihre Aufmerksamkeit auf das Hier und Jetzt und freuen Sie sich an jedem einzelnen Augenblick. Lassen Sie sich nicht durch Frustrationen den Tag verderben, sonst werden Ihnen viele mögliche Freuden entgehen. Konzentrieren Sie sich einen Monat lang bewusst darauf, für alles zu danken, was Ihnen gegeben wird. Das Leben liebt dankbare Menschen und gibt ihnen gerne immer neue Gründe, dankbar zu sein. Bejahen Sie möglichst oft: MEIN LEBEN ENTFALTET SICH AUF WUNDERBARE WEISE. ICH BIN IM FRIEDEN.

Ich lasse positive Gedanken für mich arbeiten

In dem Maße, in dem ich für mein höheres Selbst arbeite, arbeitet mein höheres Selbst für mich. Was für eine wunderschöne, brillante, fein strukturierte und zugleich starke Energieform mein innerer Geist doch ist! Er beschenkt mich mit erfüllender Arbeit. Jeder Tag ist neu und anders. Wenn ich nicht länger verzweifelt ums Überleben kämpfe, merke ich, dass ich Nahrung, Kleidung und Unterkunft erhalten kann, indem ich mir auf eine Weise meinen Lebensunterhalt verdiene, die zutiefst erfüllend und befriedigend ist. Es ist für mich selbst und für andere akzeptabel, über Geld zu verfügen, ohne hart dafür zu arbeiten. Ich bin es wert, genug Geld zu verdienen, ohne mich dafür kaputtzuarbeiten oder von Termin zu Termin zu hetzen. Bei allem, was ich tue, folge ich meinem höheren Instinkt und höre auf mein Herz.

Ich genieße meine Karriere.

Das Kind in uns

Ich bin bereit,
dem fröhlichen Kind in mir
in meinem Leben
Raum zu geben.

Das innere Kind ist jener Teil von Ihnen, der verspielt und fantasiebegabt, liebevoll und spontan, kreativ und abenteuerlustig, weise und gefühlvoll und doch auch demütig und erfüllt von Ehrfurcht und Dankbarkeit ist. Das innere Kind vertraut darauf, dass das Universum und das Leben für seine Bedürfnisse sorgen. Es sitzt nicht untätig herum, sondern ist eifrig damit beschäftigt, das Leben zu leben und Dinge zu tun, die Freude machen. Das innere Kind besitzt große Weisheit. Es weiß, was wirklich Freude macht. Sein Denken ist nicht eng und beschränkt und es verurteilt niemanden, nur weil er anders ist. Es bedauert nie, was gestern war, und sorgt sich nicht um eine Zukunft, die noch nicht da ist. Die große Macht der Liebe, die alle scheinbaren Probleme zu lösen oder zu vertreiben vermag, ist der Verbündete und Freund des inneren Kindes. Das innere Kind ist Ihre wahre Identität, die zum Vorschein kommt, wenn man alle oberflächlichen Ängste und Begrenzungen entfernt. Lassen Sie diese Liebe nach außen dringen, dann kann Ihr Leben wieder ein spannendes Abenteuer voller faszinierender Entdeckungen und Spiele werden. Klingt das nicht sehr viel versprechend?

Liebe Louise,
mein Problem ist, dass ich stark übergewichtig bin. Ich weiß, meine schwere Kindheit ist dafür verantwortlich, dass ich mir so viele schützende Polster angegessen habe, doch heute ist mein Leben wunderschön. Ich besuche seit zwei Jahren Seminare bei Science of Mind und habe gelernt, dass ich mein Leben selbst erschaffe. Warum gelingt es mir trotzdem nicht, mein altes, ungesundes Essverhalten zu überwinden?

Louises Antwort:
Ich freue mich, dass Sie diese Seminare besuchen und positive Veränderungen in Ihrem Leben vorgenommen haben. Science of Mind zu praktizieren ist einer der besten und schnellsten Wege, sein Leben zum Besseren zu verändern.

Doch Ihre schwere Kindheit hat offenbar einige tiefe Narben und negative Muster bei Ihnen hinterlassen, mit denen Sie sich bewusst auseinander setzen sollten. Man hört aus Ihren Zeilen immer noch ein wenig heraus, dass Sie sich selbst verurteilen und für nicht gut genug halten. Akzeptieren Sie Ihre Ängste und Ihre Unvollkommenheit, dann wird Heilung möglich. Folgende Affirmation kann Ihnen dabei helfen: ICH BIN JETZT STARK GENUG, ALLE NEGATIVEN ERLEBNISSE AUS MEINER KINDHEIT ZU VERZEIHEN UND ZU VERGEBEN. ICH BIN FREI VON MEINER VERGANGENHEIT. HIER UND JETZT LIEBE ICH MICH SO, WIE ICH BIN.

Liebe Louise,
meine Eltern brachten sich selbst und anderen Menschen nur wenig Liebe entgegen. Sie lobten mich kaum einmal und halfen mir in keiner Weise, ein gutes Selbstwertgefühl zu entwickeln. Sosehr ich mich auch um ihre Anerkennung bemühte, immer wurde ich nur kritisiert und beschimpft. Auch untereinander stritten sie sich immer wieder und manchmal verprügelte mein Vater meine Mutter, meine Schwestern und mich.

Heute, als Erwachsener, habe ich meinen Eltern vergeben, was sie mir damals antaten, aber es fällt mir schwer, mich von den vielen Botschaften aus meiner Kindheit zu befreien, die ich immer noch mit mir herumtrage.

Louise, wie kann ich diese negativen Botschaften aus meinem

Bewusstsein tilgen? Ich weiß, ich muss lernen, mich selbst zu lieben, und mein Selbstwertgefühl aufbauen, aber ich scheine nicht von der Scham und den Schuldgefühlen loszukommen, die mir anerzogen wurden.

Louises Antwort:
Sie müssen das alles nicht allein durchstehen, sondern sollten sich unbedingt helfen lassen. Es gibt heute viele ausgezeichnete Seminarangebote und Selbsthilfegruppen, wo Sie Unterstützung und Beistand finden. Auch können Sie sich nach innen wenden und das Universum bitten, Ihnen den nächsten Schritt auf Ihrem Heilungsweg zu zeigen.

Machen Sie sich immer wieder bewusst, dass Schuldgefühle lediglich daraus resultieren, dass Sie glauben, Sie hätten etwas falsch gemacht. Und Scham resultiert daraus, dass Sie sich selbst einreden, mit Ihnen stimme etwas nicht. Verwenden Sie die Affirmation: SO, WIE ICH BIN, BIN ICH VOLLKOMMEN UND WUNDERBAR. Je öfter Sie diese tiefe Wahrheit wiederholen, desto rascher werden Sie imstande sein, Ihre Vergangenheit hinter sich zu lassen.

Liebe Louise,
vielleicht können Sie mir eine Affirmation empfehlen, die mir weiterhilft. Ich leide unter starken Minderwertigkeitskomplexen und befinde mich in Therapie. Mir macht extrem starkes Schwitzen zu schaffen, aber ich weiß, dass mein Problem viel tiefer liegt. Ich bin bereit, an mir zu arbeiten, aber ich könnte,

glaube ich, etwas guten Rat gebrauchen. Louise, ich möchte Ihnen sehr herzlich für Ihre Bücher danken und dafür, dass Sie ein Teil meines Lebens sind.

Louises Antwort:
Offenbar befindet sich Ihr Körper in einem ständigen Alarmzustand. Wenn wir unter chronischer Angst leiden und der Körper ständig auf »Kampf oder Flucht« eingestellt ist, wird laufend Adrenalin ausgeschüttet, das dann die übermäßige Schweißbildung verursacht.

Nehmen Sie sich während des Tages immer wieder einen Moment Zeit, innezuhalten und sich bewusst zu machen, dass das Universum Sie beschützt und dass Ihnen nichts geschehen kann. Chronische Angst geht oft auf frühe Kindheitserlebnisse zurück, bei denen Sie sich isoliert und allein gelassen fühlten. Widmen Sie sich regelmäßig Ihrem inneren Kind und erinnern Sie es daran, dass Sie niemals allein sind, sondern in harmonischer Verbindung mit der ganzen Schöpfung stehen. Eine wunderschöne Affirmation für Sie lautet: DAS UNIVERSUM IST EIN SICHERER ORT UND ALLES LEBEN LIEBT UND UNTERSTÜTZT MICH.

Liebe Louise,
ich bin seit kurzem Witwe und versuche, ein Gefühl dafür zu entwickeln, was es heißt, ein Kind Gottes zu sein. Ich kann mir Gottes väterliche Liebe zu seinen Kindern nur schwer vorstellen, weil ich selbst nie eine wirkliche Vater-Tochter-Beziehung erlebt habe. Mein verstorbener Vater war nur selten zu Hause,

und wenn, dann sprach er nie mit mir und nahm mich nie in den Arm. Er schenkte mir keinerlei Beachtung.

Durch Gebete und Meditationen bin ich zu wundervollen neuen Erfahrungen gelangt und habe tiefe Freude erlebt, doch momentan spüre ich sehr stark jenen Teil in mir, der sich nach der nie erlebten väterlichen Liebe sehnt. Ich habe versucht, Verbindung zu meinem inneren Kind aufzunehmen, doch es findet praktisch kein innerer Dialog statt, weil ich nicht weiß, wie eine Tochter und ihr Vater liebevoll miteinander kommunizieren können. Es ist eine frustrierende Situation. Haben Sie eine Empfehlung für mich, wie ich die Schönheit von Gottes väterlicher Liebe erfahren kann?

Louises Antwort:
Zwar hat unsere patriarchalische Gesellschaft uns zu dem Glauben erzogen, Gott sei ein alter Mann, der – wie ein Übervater – hoch oben auf einer Wolke sitzt und alle unsere Handlungen beobachtet, doch das ist einfach nicht wahr. Gott ist weit mehr als eine solch menschliche Figur. Ich glaube, »Gott« ist jene unglaubliche Intelligenz, die alle Universen erschaffen hat und zugleich in jedem Augenblick unser Herz schlagen und unsere Lunge atmen lässt. Daher können Sie Gott lieben, ohne ihn zu vermenschlichen.

Ja, wir alle sind Kinder dieser Macht, die uns erschaffen hat, aber wir müssen keine glückliche Beziehung zu unserem leiblichen Vater gehabt haben, um die Verbundenheit mit der universalen Intelligenz spüren zu können. Dennoch kann ich gut nachfühlen, wie sehr Ihnen Ihr verstorbener Mann fehlt und dass Sie gerne einen liebevollen, fürsorglichen Vater gehabt hätten.

Es ist traurig, dass Ihr Vater auf eine Weise erzogen wurde, die es ihm unmöglich machte, Ihnen seine Liebe zu zeigen. Vielleicht hat sein Vater nie mit ihm gesprochen, sodass er ein solches elterliches Verhalten für normal hielt. Vergeben Sie Ihrem Vater. Führen Sie täglich vor dem Spiegel eine imaginäre Unterhaltung mit Ihrem Vater und bitten Sie ihn, Ihnen zu helfen, die väterliche Liebe zu verstehen. Machen Sie sich außerdem bewusst, dass dann, wenn Sie eines Tages den Planeten verlassen, Ihr Vater voller Liebe auf Sie warten wird.

Ich empfehle Ihnen folgende Affirmation: ICH GEBE MEINEM INNEREN KIND ALLE LIEBE, DIE ES SICH IMMER GEWÜNSCHT HAT, UND NOCH MEHR. MEIN KIND IST BEHÜTET UND GELIEBT.

Liebe Louise,
wie kann ich Selbstvertrauen und Zuversicht aufbauen?

Ich wurde als Kind geschlagen und vermute, dass ich außerdem sexuell missbraucht wurde. Mit fünfzehn unternahm ich einen Selbstmordversuch und inzwischen habe ich drei gescheiterte Ehen hinter mir. Ich habe eine Menge Vergebungsarbeit geleistet und verurteile meine Eltern nicht mehr.

Von Kind an war es mein Wunsch, Krankenschwester zu werden. Gegenwärtig nehme ich an einer zehnmonatigen Schwesternausbildung teil. Meine Lehrerin hat mir gesagt, ich wäre bei der Arbeit zu zögerlich und unsicher, doch wenn ich lernen würde, Selbstvertrauen und Initiative zu entwickeln, könnte ich eine gute Krankenschwester werden. Sie sagt, beim theoretischen Unterricht sei ich eine der Besten in der Klasse. Das theoretische Wissen ist also in meinem Kopf, ich habe nur Probleme, es anzuwenden.

Nun bin ich gerade für drei Wochen in der chirurgischen Ab-

teilung gewesen, bei einer anderen Lehrerin. Sie sagt, kein Krankenhaus würde mich je einstellen, weil ich viel zu langsam wäre. Jetzt sind gerade Ferien und ich überlege, ob ich die Ausbildung abbrechen soll. Ich fühle mich mutlos und hilflos.

Louises Antwort:
Krankenschwester zu sein heißt, für Menschen zu sorgen. Denken Sie daran, dass auch Sie ein Mensch sind, der Fürsorge und Zuwendung braucht. Sorgen Sie also zuerst einmal gut für sich selbst. Handeln Sie, als wären Sie Ihre eigene Patientin. Fragen Sie sich: »Was möchte ich mir selbst gerne Gutes tun?« Das wirkt heilend, und je mehr Sie sich selbst heilen, desto besser werden Sie sich um andere kümmern können.

Wenn Sie sich mutlos und hilflos fühlen, bedeutet das lediglich, dass Sie sich fürchten. Sie sind nicht zögerlich oder langsam, sondern Sie sind ängstlich. Das kleine Mädchen in Ihnen hat diese Gefühle. Es braucht viel Trost und Zuwendung. Nehmen Sie es bei der Hand und sagen Sie ihm, dass Sie immer für es da sind und dass Sie nie mehr zulassen werden, dass es geschlagen oder missbraucht wird.

Schauen Sie jeden Morgen und Abend in den Spiegel und bekräftigen Sie mehrfach: ICH SORGE JETZT LIEBEVOLL FÜR MEIN INNERES KIND. ICH SCHENKE IHM BEDINGUNGSLOSE LIEBE UND ES IST GEHEILT.

Die Arbeit mit dem Kind in uns endet nie. Ihr inneres Kind ist immer da und möchte Zuwendung und Trost. Auch wenn es einige Zeit gedauert hat, ist es mir letztlich gelungen, mein verletztes inneres Kind zu heilen, und ich weiß, dass Sie dazu ebenfalls in der Lage sind.

Das Kind in uns

Liebevoll nehme ich mein inneres Kind in den Arm. Ich sorge gut für mein inneres Kind. Das Kind ist jener Teil in mir, der ängstlich ist. Das Kind ist jener Teil in mir, der verletzt ist und sich verloren fühlt. Darum bin ich von jetzt an für mein inneres Kind da. Ich umsorge es liebevoll und kümmere mich um seine Bedürfnisse. Ich gebe ihm die Gewissheit, immer für es da zu sein, geschehe, was da wolle. Ich werde es niemals im Stich lassen. Ich werde dieses Kind immer lieben.

Liebevoll umarme ich
mein inneres Kind.

Kindererziehung

Ich liebe und achte
die Einzigartigkeit meiner
Kinder.

Ihre Kinder sind Ihre größten Lehrer. Ehren Sie sie und seien Sie dankbar für das, was sie Ihnen schenken, denn sie zeigen Ihnen den Weg zu einem fröhlicheren Leben. Indem Sie den Kindern nicht erlauben, sie selbst zu sein, fügen Sie auch sich Schaden zu. Sie können Ihre Kinder nicht formen oder unterweisen, denn sie haben sich bereits entschieden, wie sie sein wollen. Haben Sie denn vergessen, dass Sie selbst auch ein Kind sind? Treten Sie also für die Sache der Kinder ein!

Und wie kann man wie ein Kind werden? Indem man an das Universum glaubt und ihm vertraut, statt sich nur auf den Intellekt und das Materielle zu verlassen. Sie verloren diesen Glauben, dieses Vertrauen, als Sie anfingen, sich wegen allem Möglichen Sorgen zu machen und sich zum Richter über alles und jeden aufzuschwingen.

Das Kind, das Sie waren, liebte bedingungslos. Das Kind, das Sie waren, lebte auf spielerische Weise. Das Kind, das Sie waren, lebte in Freude und würde auch heute noch so leben, hätte man ihm nicht beigebracht, Grenzen zu ziehen und sich zu fürchten, und hätte man es nicht kritisiert und verurteilt.

Werden Sie wieder Kind und erleben Sie die Freude, einfach nur zu sein. Finden Sie in der Ruhe jedes neuen Augenblicks Ihre Bestimmung in diesem Leben. Seien Sie sich bewusst, dass Sie als göttliches Kind des Universums geachtet und geliebt werden, wie auch immer Ihr Platz im Leben sein mag. Denn das Leben hat Sie in seiner liebevollen Wiege geboren.

kostenlos
professionell
Schuldnerberatung
Vöcklabruck
☎ 07672 · 27 776

Schuldnerberatung OÖ
Beratungsstelle Vöcklabruck

Stadtplatz 36, 4840 Vöcklabruck

☎ 07672 · 27 776

www.schuldnerberatung.at

Öffnungszeiten

Montag – Freitag	8 – 12
Dienstag, Donnerstag	14 – 16

Kostenlose Beratung für Privatpersonen
nach telefonischer Terminvereinbarung

Liebe Louise,
mein Mann und ich haben sehr unterschiedliche Auffassungen, was die Erziehung unserer Kinder angeht. Wir sind beide traditionell christlich erzogen worden und ich akzeptiere, dass mein Mann in dieser Frage das letzte Wort hat, aber ich fürchte, dass er zu streng mit unserem Sohn ist. Wir haben drei Kinder, einen Jungen und zwei Mädchen. Den beiden (acht- und neunjährigen) Mädchen gegenüber verhält sich mein Mann sehr liebevoll, aber unserem Sohn gegenüber ist er sehr hart. Er bringt ihm bereits bei, wie man kämpft (unser Sohn ist erst sechs Jahre alt), und sagt ihm, dass Jungen nicht weinen dürften.

Es gefällt mir nicht, dass unsere Kinder auf so unterschiedliche Weise behandelt werden. Ich versuche, zu allen dreien gleichermaßen liebevoll zu sein. Die Lektüre Ihres Buchs Gesundheit für Körper und Seele *hat mich sehr inspiriert. Aber ich weiß nicht, wie ich Ihre Ideen auf diese Situation anwenden soll. Haben Sie dazu Vorschläge?*

Louises Antwort:
Warum hat Ihr Mann in der Kindererziehung das letzte Wort? Immerhin haben *Sie* die Kinder geboren. Daher sollten Sie und Ihr Mann gleichberechtigt entscheiden. Die traditionellen christlichen Kirchen müssen endlich akzeptieren, dass Frauen gleichwertige und gleichberechtigte menschliche Wesen sind.

Ich vermute, dass Ihr Mann Ihren Sohn so behandelt, wie er selbst als Kind behandelt wurde, und dass er glaubt, Jungen müssten auf solche Weise erzogen werden. Meines Erachtens ist das eine Form von Kindesmissbrauch. Entweder wird Ihr Sohn später seine Kinder auf die gleiche Art behandeln oder er wird viel Zeit in therapeutischer Behandlung verbringen. Außerdem lernt er auf diese Weise, Frauen zu hassen, denn seine Schwestern werden gut behandelt, während er Strenge und Strafen über sich ergehen lassen muss.

Männer, die glauben, sich mit den Fäusten behaupten zu müssen, sind tief im Innern sehr ängstlich. Wenn man Kindern beibringt, Selbstachtung zu entwickeln, haben sie es nicht nötig, zu kämpfen und gewalttätig zu werden. Der beste Weg, Ihre familiäre Situation positiv zu beeinflussen, besteht darin, dass Sie in Gedanken möglichst oft die folgende Affirmation wiederholen: ALLE MEINE KINDER WERDEN GERECHT UND LIEBEVOLL BEHANDELT. Und konzentrieren Sie sich bewusst auf die Vorstellung, dass Ihr Mann allen drei Kindern, auch Ihrem Sohn, ein liebevoller Vater ist.

Liebe Louise,
mein zwölfjähriger Sohn ist intelligent, aber außerordentlich sensibel und hat extreme Minderwertigkeitskomplexe. Er war wegen Augenproblemen und Koordinationsstörungen in ärztlicher Behandlung, aber die Therapie hat ihn offenbar nur in seinem Glauben bestärkt, dass etwas mit ihm nicht stimmt. Er sagt ständig Sachen wie »Ich bin ein Trottel«, »Niemand mag mich«, »Ich bin dumm«, »Ich mache alles falsch«, Und ständig sorgt er sich um alles Mögliche.

Ich weiß nicht, wie ich ihm helfen kann, und ich mache mir große Sorgen, wie es mit ihm weitergehen soll. Offenbar gelingt es mir nicht, ihm klarzumachen, dass er etwas Besonderes ist und dass niemand ein Versager ist, nur weil er die Erwartungen bestimmter Leute nicht erfüllt.

Louises Antwort:
Ich glaube, dass jeder von uns sich für seinen Aufenthalt hier auf diesem Planeten eine bestimmte Lektion ausgewählt hat. Ein Kind, das mit einer Krankheit oder Behinderung geboren wird, erhält dadurch die Chance, das eigene Selbst bedingungslos lieben zu lernen.

Aus Ihrem Brief entnehme ich, dass Ihr Sohn ein Einzelgänger ist, der sich stark in sich selbst zurückzieht. Welche Vorteile gewinnt er daraus, dass er so wenig am Leben um ihn herum teilnimmt?

Auch sollten Sie sich Gedanken über die Ernährung Ihres Sohnes machen. Das, was wir essen, hat einen großen Einfluss darauf, wie wir uns fühlen. Holen Sie außerdem die Meinung seiner Ärzte und Lehrer ein. Denken Sie daran, dass Gottes Liebe auch durch die Ärzte und das offizielle Gesundheitssystem wirkt.

Am besten und schnellsten erreichen wir bei unseren Kindern eine Veränderung, indem wir selbst uns ändern. Wenn Sie möchten, dass Ihr Sohn Selbstachtung und Selbstliebe entwickelt, müssen auch Sie diese Qualitäten entwickeln. Überfordern Sie Ihren Sohn nicht. Lernen Sie, sich selbst so viel Liebe wie möglich zu geben, dann werden Sie bei ihm positive Veränderungen bemerken. Bejahen Sie: JE MEHR ICH MICH LIEBE, DESTO MEHR LIEBT MEIN SOHN SICH. DAVON PROFITIEREN WIR BEIDE.

Liebe Louise,
ich hoffe, Sie können uns helfen. Mein Mann war lange Zeit Alkoholiker, lebt aber inzwischen abstinent. Ich bin Tochter eines Alkoholikers und habe früher selbst getrunken. Wir haben große

Probleme mit unseren Kindern. Beide leiden darunter, dass sie von uns lange Zeit zu wenig Zuwendung bekamen. Unsere dreizehnjährige Tochter ist still und in sich gekehrt. Und sie kommt in der Schule nicht zurecht. In der dritten Klasse wurde bei ihr eine Leseschwäche festgestellt. Sie erhielt Förderunterricht, verweigerte aber die Mitarbeit und wurde noch stärker in sich gekehrt und aggressiv. Als sie ins sechste Schuljahr kam, wollte ich mit ihr zur psychologischen Beratung gehen, doch sie weigerte sich und mein Mann nahm sie gegen mich in Schutz. Irgendwann war es mir einfach egal. Sie war Papas Liebling und ich hatte keine Lust mehr, immer die Zielscheibe ihrer Wut zu sein. In der achten Klasse probierte sie zum ersten Mal Drogen und nahm gleich eine Überdosis. Jetzt ist sie in psychiatrischer Behandlung.

Unser sechsjähriger Sohn hatte schon im Kindergarten Probleme. Er war hyperaktiv und ungehorsam. Wir redeten mit ihm, versuchten es mit Hausarrest und Prügeln, aber er ist ein rachsüchtiges Kind – wenn man seine Gefühle verletzt, wird er aggressiv, schlägt wild um sich und behauptet, dass wir ihn nicht lieben. Inzwischen ist er völlig unkontrollierbar geworden und bekommt nachts Medikamente, weil er sonst schreckliche Wutanfälle hat.

Trotz allem versuchen wir, eine positive Einstellung zu bewahren. Mein Mann und ich sind uns näher gekommen und haben wieder zu Gott gefunden. Ich benutze täglich Affirmationen und bekräftige immer wieder, dass meine Kinder göttlich geführt werden, aber manchmal versagen unsere Kräfte und unser Glaube. Dann wächst uns alles über den Kopf. Welche negativen Glaubenssätze sind für dieses Verhalten unserer Kinder verantwortlich? Was kann ich tun, um den Kindern und meinem Mann zu helfen, damit wir das alles gemeinsam durchstehen?

Louises Antwort:
In Ihrer Familie scheint es an offener, aufrichtiger Kommunikation zu fehlen. Nehmen Sie und Ihr Mann beide an Zwölf-Schritte-Programmen teil? Befinden Sie sich in psychotherapeutischer Behandlung? Offenbar agieren Ihre Kinder gegenwärtig genau jene Verhaltensstörungen aus, die Sie und Ihr Mann früher selbst durchgemacht haben. Sie *alle* sollten gemeinsam zu einer guten Ehe- und Familienberatung gehen. Sie brauchen für eine Weile ständige qualifizierte Hilfe von außen. Wenn Ihre Familie nicht mitkommen will, müssen zumindest Sie eine solche Beratungsstelle aufsuchen. Eine gute Affirmation für Sie lautet: ALLE HILFE, DIE ICH BRAUCHE, IST IMMER IN REICHWEITE UND WIR LEBEN IN FRIEDEN.

Auch empfehle ich Ihnen, einen guten Ernährungsberater aufzusuchen. Besorgen Sie sich Bücher zu diesem Thema und informieren Sie sich darüber, welche Wirkung bestimmte Nahrungsmittel auf unseren Körper haben. Damit will ich nicht sagen, dass die Probleme Ihrer Kinder allein auf falsche Ernährung zurückzuführen sind, aber mit einer Umstellung auf gesunde Nahrung lassen sich oft erstaunliche Resultate erzielen. Möglicherweise leiden Ihre Kinder unter starken Allergien auf spezielle Lebensmittel oder sie vertragen insgesamt Fertigkost und denaturierte Nahrungsmittel schlecht.

Liebe Louise,
in Ihrem Buch Gesundheit für Körper und Seele *schreiben Sie, dass wir uns unsere Eltern selbst aussuchen. Meine Frage lautet: Wie ist es bei einer Adoption? Kann man dann auch davon sprechen, dass das Kind sich seine Eltern »aussucht«?*

In unserem Fall war meine Unfruchtbarkeit der Grund dafür, dass wir uns entschieden, ein Kind zu adoptieren. Habe ich damit gegen den »Willen Gottes« verstoßen oder war es richtig, diesen Weg zu gehen?

Louises Antwort:
Ich bin sicher: Wenn ein Kind nicht auf leiblichem Wege von der Mutter geboren werden kann, die für es die richtige ist, wird es auf dem Weg der Adoption zu dieser Frau kommen. Das Kind hat Sie als seine Mutter ausgewählt und einen Weg zu Ihnen gefunden. Seien Sie dankbar für diese wunderbare Gelegenheit!

Warum sollten Sie sich wegen Ihrer Unfruchtbarkeit schuldig fühlen? Gott hat Ihnen ein schönes Baby geschenkt. Stellen Sie dieses Geschenk nicht infrage, indem Sie sich solchen negativen Gedankengängen hingeben. Lieben Sie sich selbst und akzeptieren Sie Ihre Situation, dann werden Sie ein glückliches Kind und eine glückliche Ehe haben. Gottes Wille für Sie ist, dass Sie glücklich sind und sich Ihres Lebens freuen. Bekräftigen Sie häufig: ICH BIN EINE LIEBEVOLLE MUTTER UND ICH BIN ZUTIEFST DANKBAR FÜR MEIN WUNDERBARES BABY.

Liebe Louise,
wir finden die Zusammenhänge zwischen körperlichen Krankheiten und mentalen Mustern, auf die Sie in Ihren Büchern immer wieder hinweisen, sehr aufschlussreich. Aber wie lassen sich diese Erkenntnisse bei Kindern anwenden? Unsere Kinder

haben beide starke Gesundheitsbeschwerden, das eine hat Probleme mit den Augen, das andere mit dem Herzen. Sind sie nicht viel zu jung, um unter solchen Beschwerden zu leiden?

Louises Antwort:
Wenn Kinder unter den von Ihnen beschriebenen Symptomen leiden, sind sie ängstlich und fühlen sich sehr unsicher. Denken Sie daran, dass Kinder viel empfindlicher auf ihre Umwelt reagieren als Erwachsene. Als Erwachsene vergessen wir manchmal oder verstehen nicht, wie sensibel manche Kinder sind und welche Gefühlskrisen sie durchmachen können.

Wenn Kinder Probleme mit den Augen haben, kann sich darin symbolisch ausdrücken, dass ihnen das, was sie sehen, nicht gefällt. Und Herzbeschwerden offenbaren große Unsicherheit und Existenzangst. Nehmen Sie sich einmal die Zeit, Ihre familiäre Umgebung mit den Augen Ihrer Kinder zu betrachten. Gibt es heikle, problematische Situationen, auf die Ihre Kinder sensibel reagieren, während Sie selbst diese Sensibilität verloren haben?

Als Eltern können wir unseren Kindern am besten dadurch helfen, dass wir lernen, uns selbst auf einer tiefen seelischen Ebene zu lieben und zu akzeptieren und ein familiäres Umfeld zu schaffen, das uns allen möglichst viel Liebe, Frieden, Freude und Harmonie schenkt. Bejahen Sie: INDEM ICH VERGEBUNG ÜBE, DIE VERGANGENHEIT HINTER MIR LASSE UND MICH SELBST HEILE, WERDEN AUCH MEINE KINDER GEHEILT.

Liebe Louise,
ich kam mit einem häufigen und leicht korrigierbaren Geburtsfehler zur Welt, der jedoch erst entdeckt wurde, als ich schon fast zwei Jahre alt war. Ich verbrachte meine Kindheit in Krankenhäusern, musste in einem Gipsbett liegen und mit Beinschienen herumlaufen. Heute, als Erwachsener, der selbst Vater zweier Kinder ist, wird mir bewusst, wie verbittert ich wegen dieser Kindheitserfahrungen bin. Ich weiß nicht, warum ich mir diese Erfahrung seinerzeit ausgesucht habe, aber was ich auf jeden Fall weiß, ist, dass ich meine Wut und Verbitterung überwinden möchte.

Louises Antwort:
Danke für Ihren Mut, Rat und Hilfe zu suchen. Ihre Bereitschaft, die Schmerzen aus Ihrer Kindheit zu überwinden, hat Sie bereits auf den Weg der Heilung geführt. Wann immer Erinnerungen an die damalige schwere Zeit in Ihnen hochsteigen, sollten Sie die folgenden Worte gedanklich wiederholen oder – wenn möglich – laut vor sich hin sagen: ICH BIN BEREIT ZU VERGEBEN. ICH BIN JETZT VON WEISHEIT UND VERSTÄNDNIS ERFÜLLT. ICH BIN GEHEILT.

Leider bringt man uns in der Schule nicht bei, wie man eine gute Ehe führt, ein guter Vater oder eine gute Mutter wird. Als Eltern versuchen wir einfach, unsere Sache so gut wie möglich zu machen, wobei wir notgedrungen auf das zurückgreifen, was wir in der eigenen Familie erlebt und beobachtet haben. Da Kinder lernen, indem sie ihre Eltern beobachten, ist Ihr Entschluss, sich von Ihrer alten Verbitterung zu heilen, von großer Wichtigkeit; andernfalls würden Sie Ihren Kindern nämlich beibringen, ebenfalls mit Bitterkeit und Grollgefühlen auf negative Erfahrungen zu reagieren. Wenn Sie Ihren Kindern dagegen eine liebevolle Haltung vorleben und Vergebung praktizieren, werden die Kinder lernen, ebenfalls zu lieben und zu verzeihen (und auch Ihnen die Fehler zu verzeihen, die Sie in der Erziehung machen).

Ich liebe Kinder und sie lieben mich

Offene, liebevolle Kommunikation mit Kindern gehört zu meinen größten Vergnügen. Ich achte auf das, was sie sagen, und sie hören auf das, was ich sage. Kinder sind immer bestrebt, Erwachsene nachzuahmen. Wenn sich ein Kind in meiner Nähe negativ verhält, dann überprüfe ich, ob ich nicht irgendwelche negativen Glaubenssätze hege. Ich weiß, dass ich, wenn ich mich selbst heile, damit gleichzeitig zur Heilung des Kindes beitrage. Ich bekräftige jetzt, dass ich mich selbst bedingungslos liebe. Ich trenne mich bewusst von allen negativen Glaubenssätzen. Ich werde zu einer vorbildlich positiven, liebevollen Person. Damit gebe ich meinem Kind die Möglichkeit, sich selbst zu lieben. Dadurch verschwindet sein negatives Verhalten – manchmal sofort, manchmal dauert es aber auch etwas länger. Auch nehme ich Verbindung zu meinem eigenen inneren Kind auf. Wenn ich als Erwachsener für Stabilität in meinem Leben sorge, fühlt sich mein inneres Kind geborgen und geliebt. Aus diesem Gefühl der Geborgenheit und Liebe erwächst die Bereitschaft, viele alte Denk- und Verhaltensweisen aufzugeben.

Man kann Kinder
etwas lehren,
aber man kann sie
zu nichts zwingen.

9. KAPITEL

Missbrauch und Gewalt

Ich verdiene es, dass meine Grenzen
von anderen Menschen
respektiert werden.

Viele von uns stammen aus gestörten Familien. Daher tragen wir viele negative Gefühle gegenüber uns selbst und dem Leben insgesamt in uns. In unserer Kindheit waren wir Opfer seelischer und körperlicher Gewalt und möglicherweise hat uns diese Gewalt auch später als Erwachsene noch begleitet. Wenn wir früh Angst und Gewalt erleben, bringen wir uns auch später als Erwachsene immer wieder in ähnliche Situationen. Wir neigen dazu, aus dem Mangel an Liebe und Zuneigung in unserem Leben zu schließen, dass wir schlechte Menschen sind und es nicht besser verdienen.

Wir müssen uns unbedingt bewusst werden, dass wir die Kraft haben, all das zu verändern. Alles, was uns bislang in unserem Leben widerfahren ist, haben wir durch unsere Gedanken und Glaubenssätze selbst erschaffen. Wir brauchen uns unserer Vergangenheit in keiner Weise zu schämen. Wir sollten sie vielmehr als Teil des Reichtums und der Fülle des Lebens betrachten. Ohne diesen Reichtum und diese Fülle gäbe es uns gar nicht. Es gibt keinen Grund, dass wir uns in Selbstvorwürfen ergehen wegen Fehlern, die wir in der Vergangeheit gemacht zu haben glauben. Wir haben mit dem uns damals zur Verfügung stehenden Wissen unser Bestes gegeben. Oft gelang es uns, unter widrigsten Umständen durchzuhalten und zu überleben. Wir können uns jetzt liebevoll von unserer Vergangenheit lösen und dankbar sein, dass sie uns zu unserer heutigen Bewusstheit führte.

Liebe Louise,
mein Vater war Alkoholiker und ich musste eine Menge seelische und körperliche Gewalt erdulden. Mit sechzehn wurde ich von

einem Jungen geschwängert, der mich sehr schlecht behandelte. Seine Eltern arrangierten meine Aufnahme in ein Heim für unverheiratete Mütter, wo ich mich wie im Gefängnis fühlte.

In diesem Heim zerbrach irgendetwas in mir. Vielleicht lag es an all den Lügen, die ich meinen Freundinnen und meiner Familie darüber erzählen musste, wohin ich angeblich ging. Vielleicht war es dieses unerträglich schmerzhafte Gefühl, dass niemand mich wirklich liebte oder sich je um mich sorgen würde. Vielleicht fühlte ich mich als Versagerin, weil ich nicht wie einige der anderen Mädchen einfach mit meinem Baby aus diesem Heim fortgehen konnte. Was immer der Grund war, ich konnte von da an anderen Menschen nicht mehr in die Augen schauen. Ich bin bei vielen Therapeuten gewesen, um diesen Schmerz zu überwinden, aber nichts hat mich so sehr beeindruckt wie Ihr Buch Gesundheit für Körper und Seele.

Ich habe mir Ihre Affirmationen auf Kärtchen geschrieben und nehme sie mit zur Arbeit. Trotzdem ist mein Leben immer noch sehr schmerzhaft. Ich weiß, ich leide schon viel zu lange unter diesem seelischen Schmerz, aber es fällt mir schwer, den Teufelskreis zu durchbrechen. Als Folge all der Belastungen, denen ich ausgesetzt war, leide ich jetzt auch noch unter Haarausfall. Das ist mir außerordentlich unangenehm. Ich versuche, mit Affirmationen dagegen anzugehen, aber ich spüre einen starken inneren Widerstand.

Louise, zum ersten Mal in meinem Leben ist mir bewusst, dass mein Denken sich verändern muss. Ich möchte nicht mehr so leben wie früher.

Louises Antwort:
Viele von uns wurden in der Kindheit misshandelt und wuchsen mit einer negativen Lebenseinstellung auf (auch

ich wurde als Kind missbraucht). Oft haben wir Angst davor, eine positive Einstellung zu uns selbst zu entwickeln, weil das für uns ein ganz unvertrautes Terrain ist. Ich weiß, dass Menschen, die geschlagen und missbraucht wurden, sehr viel Wut und Verbitterung mit sich herumtragen. Sie besitzen zumeist nur wenig Selbstachtung und haben das Gefühl, »nicht gut genug« zu sein. Daher kommt es, dass Sie in Ihrem Leben bestimmte Dinge ausagiert haben, ohne sich über deren Ursachen im Klaren zu sein.

Sie sollten nachsichtig mit sich sein. Die Intelligenz des Universums, Gott, hat Ihnen längst vergeben; jetzt sollten Sie sich endlich auch selbst vergeben. Für Gott sind alle Menschen wunderbar und vollkommen. Sie können wählen, ob Sie damit aufhören wollen, sich selbst zu bestrafen, oder ob Sie sich weiter als Opfer der Umstände fühlen wollen. Bejahen Sie jetzt gleich: ICH LÖSE MICH VON ALLEN NEGATIVEN ERFAHRUNGEN AUS MEINER VERGANGENHEIT. ICH VERDIENE ES, IN FRIEDEN UND FREUDE ZU LEBEN UND GESUNDE BEZIEHUNGEN ZU MEINEN MITMENSCHEN ZU HABEN. VON NUN AN ZIEHE ICH NUR NOCH LIEBEVOLLE ERFAHRUNGEN IN MEIN LEBEN.

Liebe Louise,
meine Schwester und ich sind als Kinder von unseren Eltern körperlich und seelisch misshandelt worden. Daher habe ich meine Eltern schon früh abgelehnt und mir andere Erwachsene zu Vorbildern genommen, die ihre Kinder besser behandelten. Dennoch verfolgen mich die schlimmen Erinnerungen an meine Kindheit noch immer. Ich hatte schon lange Albträume, in de-

nen meine Mutter eine Rolle spielt. In letzter Zeit sind diese Träume schlimmer denn je. Ich habe das Gefühl, dass tonnenweise emotionaler Schmerz in mir angestaut ist und dass eines Tages der Damm brechen wird und ich in den Fluten ertrinke.

Ist es besser, wenn ich meinen Eltern mitteile, dass ich keinen Kontakt mehr zu ihnen wünsche? Ich möchte ihnen wirklich nicht wehtun, aber mir wäre es am liebsten, wenn ich nie wieder etwas von ihnen sehe und höre. Und ich möchte, dass mein Schmerz endlich aufhört.

Louises Antwort:
Den Kontakt zu den Eltern für eine Weile völlig abzubrechen ist für Sie möglicherweise im Moment das Beste. Offenbar ist Leugnung für Ihre Eltern der einzige Weg, mit ihrer Schuld fertig zu werden. Es ist nicht Ihre Aufgabe, Ihre Eltern zu heilen; Sie sind hier, um sich selbst zu heilen. Vielleicht können Sie ihnen ja ab und zu eine Karte oder einen kurzen Brief schicken.

Um Ihre eigene Heilung in Gang zu bringen, empfehle ich Ihnen, dass Sie Ihren Eltern einen Brief schreiben, in dem Sie die ganze Wut herauslassen, die sich so lange in Ihnen angestaut hat. Schreiben Sie alles auf, was Sie Ihren Eltern in all den Jahren nicht zu sagen wagten. Beenden Sie den Brief mit dem Satz: »Es ist Zeit für eine vollständige Heilung. Ich lerne jetzt, mich selbst zu lieben.« Verbrennen Sie den Brief dann und visualisieren Sie, dass Ihr Schmerz und Ihre Verbitterung sich mit ihm in Rauch auflösen.

Dieses Ritual wird aber gewiss nicht ausreichen, um den Schmerz völlig zum Verschwinden zu bringen. Sie sollten auf jeden Fall die Dienste eines Psychotherapeuten in Anspruch nehmen oder sich an eine Selbsthilfeorganisation wenden, etwa an Al-Anon (Adresse siehe Anhang; Anm. d. Übers.). Das Universum ist stets bereit, Ihnen Hilfe zu schicken, Sie müssen nur darum bitten. Bekräftigen Sie häufig: ICH BIN BEREIT FÜR EINE HEILUNG. ICH BIN BEREIT ZU VERGEBEN.

Liebe Louise,
ich hoffe, Sie können mir weiterhelfen. Mein Mann schlägt mich und behandelt mich wie eine Dienstmagd. Er schreit mich ständig an und verlangt Unmögliches von mir. Er ist krebskrank und bekommt Bestrahlungen. Meine Tochter war drogenabhängig, ist aber gegenwärtig dabei, ihr Leben wieder in den Griff zu bekommen. Doch sie ist in sehr schlechter nervlicher Verfassung. Außerdem bin ich für meinen von mir adoptierten Enkel verantwortlich, für dessen Schulgeld (er besucht eine kirchliche Schule) ich aufkommen muss. Ich fürchte, dass diese finanzielle Belastung für mich nicht tragbar ist.

Ich fühle mich überfordert. Können Sie mir einen Rat geben, wie ich meine Last besser tragen kann?

Louises Antwort:
Natürlich sind Sie überfordert. Um Himmels willen, nehmen Sie diese Last von Ihren Schultern und gönnen Sie sich Urlaub und Erholung! Sie brauchen Abstand von Ihrer Familie, um den Kopf frei zu bekommen und klare Prioritäten setzen zu können. Es ist *Ihr* Leben. Niemand kann Sie miss-

brauchen oder ausnutzen, wenn Sie es nicht zulassen. Wo ist die Liebe, die Sie einmal für sich empfunden haben?

Alle positiven Veränderungen beginnen in unserem Bewusstsein. Auch mir wurde als Kind beigebracht, dass die Frau immer zwei Schritte hinter dem Mann gehen, zu ihm aufschauen und sich von ihm sagen lassen müsse, was sie zu denken und zu tun habe. Und mir wurde beigebracht, körperliche Gewalttätigkeit des Mannes als normal hinzunehmen. Es dauerte lange, bis ich erkannte, dass dieses Verhalten keineswegs normal ist und dass keine Frau eine solche Behandlung verdient. Allmählich änderte ich meine Glaubenssätze, mein Bewusstsein, und ich begann, Selbstachtung und ein gutes Selbstwertgefühl zu entwickeln. Dadurch veränderte sich meine ganze Welt.

Auch Ihre Welt kann sich ändern. Doch dazu brauchen Sie dringend Hilfe. Schauen Sie im Telefonbuch nach, welche Beratungsstellen und Hilfsangebote es in Ihrer Nähe gibt. Und bekräftigen Sie: ICH ERSCHAFFE MIR JETZT MIT DER KRAFT MEINES GEISTES EINE LIEBEVOLLE WELT.

Liebe Louise,
als inzwischen zweiundfünfzigjährige Frau habe ich schon vor langer Zeit gelernt, ein routiniertes Lächeln zur Schau zu stellen. Doch dahinter versteckt sich ein kleines Mädchen. Dieses innere Kind habe ich so tief in mir verschlossen, dass es selbst jetzt, nach dreijähriger Psychotherapie, noch nicht herauskommen und sich zeigen mag.

Als Kind bin ich von meinem leiblichen Vater jahrelang sexuell missbraucht worden. Das hat in meinem späteren Leben zu selbstzerstörerischen Verhaltensweisen und vielen beruflichen und privaten Fehlschlägen geführt. Wann kann ich mich endlich von dieser Vergangenheit befreien? Meine Therapeutin kommt mit mir nicht weiter. Sie sagt, ich müsse zum Kern des Problems vordringen, um eine innerliche Heilung zu erreichen. Doch es gelingt mir nicht. Ich bin so verwirrt und unglücklich – und in meinem Leben herrscht das reinste Chaos. Ich habe meinen Job verloren, sodass ich mir eine Fortsetzung der Therapie nicht mehr leisten kann. Können Sie mir helfen herauszufinden, wer ich wirklich bin?

Louises Antwort:
Tief im Zentrum Ihres Schmerzes sperren Sie sich dagegen zu vergeben. Ich bin mir bewusst, dass Sie eine schwere Kindheit hatten; dennoch ist es selbstzerstörerisch, wenn Sie an Ihrem Schmerz festhalten. Die Tür des Herzens öffnet sich nach innen und Sie können sich selbst nur lieben, wenn Sie bereit sind loszulassen. Sie verfügen über eine große innere Stärke. Das haben Sie bewiesen, indem Sie sich so lange und beharrlich Ihrer Therapeutin widersetzten. Ihr Vater hat einst Ihr inneres Kind missbraucht und jetzt sind Sie es selbst, die diesen Missbrauch fortsetzt.

Sie haben bereits drei Jahre Psychotherapie hinter sich, also wissen Sie sehr gut, was in einer Therapie abläuft. Nun ist für Sie der Moment gekommen, wo Sie das, was Sie in der Therapie gelernt haben, anwenden müssen, um Ihr inneres Kind zu heilen. Kein Therapeut kann Ihnen die eigentliche Heilungsarbeit abnehmen. Arbeiten Sie mindestens einen Monat lang mit folgender Affirmation: ICH BIN BEREIT, MIR SELBST ZU VERGEBEN UND FREI ZU SEIN. Wiederholen Sie diesen Satz wenigstens fünfzigmal täglich laut oder in Gedanken. Sie sind stark und Sie können sich selbst heilen. Beginnen Sie gleich jetzt damit.

Liebe Louise,
besonders gut gefällt mir Ihre Affirmation: »Ich weiß, dass alle Dinge zur rechten Zeit und aus gutem Grund geschehen. Ich mache aus jeder Herausforderung, die das Leben mir schickt, das Beste. Alles ist gut.« Doch sagen Sie mir bitte, wie ich dies in meinem eigenen Leben anwenden soll. Ich habe einen Mann, der zu viel trinkt und dann jedes Mal körperlich gewalttätig gegen mich wird. Gerne würde ich mir sagen: »Alles ist gut«, doch das ist es nicht. Wie kann ich dafür sorgen, dass endlich alles gut wird? Ich bin neunundsechzig, mein Mann ist siebenundsiebzig.

Louises Antwort:
Sie brauchen nicht zu erdulden, dass irgendein anderer Mensch Ihnen Gewalt antut. Seit Generationen dulden wir Frauen Gewalt vonseiten unserer Männer, weil wir den Glauben akzeptiert haben, dass wir Menschen zweiter Klasse seien. Ich wuchs in dem Glauben auf, dass es normal sei, wenn ein Mann seine Frau schlägt oder sie sexuell missbraucht. Erst als ich Selbstachtung und ein stärkeres Selbstwertgefühl entwickelte, fanden Männer, die darauf aus waren, mich zu misshandeln und zu demütigen, keinen Gefallen mehr an mir. Alle Frauen müssen endlich aufwachen und ein starkes, gesundes Selbstwertgefühl entwickeln. Dann werden wir es nie wieder dul-

den, dass irgendein Mann uns misshandelt oder gar erniedrigt.

Aus jeder Herausforderung das Beste zu machen, kann auch bedeuten, eine Umgebung zu verlassen, die nicht länger förderlich für uns ist. Ziehen Sie aus! Dazu sind Sie noch nicht zu alt. Ich bin einundsiebzig und fühle mich kein bisschen alt. Ich bin mir sicher, dass meine zweite Lebenshälfte erst mit fünfundsiebzig anfängt! Sie haben also noch viel Zeit vor sich. In beinahe jeder Stadt gibt es ein Frauenhaus. Gehen Sie dorthin und bitten Sie um Hilfe. Wenn Ihr Mann eine Therapie gegen seine Trunksucht und Gewalttätigkeit ablehnt, können Sie trotzdem für sich allein zu Al-Anon oder einer anderen Selbsthilfegruppe für Co-Abhängige gehen und dort lernen, gut für sich selbst zu sorgen.

Denken Sie daran: »Dies ist der erste Tag vom Rest Ihres Lebens.« Machen Sie das Beste daraus. Denken Sie an Ihr eigenes Wohlergehen. Das ist zugleich auch das Beste, was Sie für Ihren Mann tun können. Bejahen Sie: ICH BRAUCHE UND VERDIENE LIEBE UND SCHUTZ UND ICH GEBE MIR, WAS ICH BRAUCHE UND WAS MIR GUT TUT.

Ich glaube an die Macht der Liebe

Die Liebe reicht tiefer als die Gewalt. Die Liebe lebt im Herzen eines jeden Menschen auf dieser Erde. Immer wenn es auf dieser Erde zu gewalttätigen Handlungen kommt, ist die Liebe jenes tiefere Streben, das gehört werden will. Ich lerne jetzt, immer wenn mich Berichte von Gewalttätigkeiten erreichen, auf diesen stummen Schrei der Liebe zu lauschen. Ich glaube an meine geistigen Fähigkeiten. Diese Fähigkeiten ermöglichen es mir, mich aus dem Gefängnis negativer Erfahrungen zu befreien und mir neue, positive Möglichkeiten zu erschließen. Vielen Menschen wurde nie beigebracht, wie man seinen Geist als schöpferisches Instrument nutzen kann. Deshalb leben sie gemäß jenen Glaubenssätzen, die ihnen in der Kindheit anerzogen wurden. Glaubenssätze sind sehr mächtig. Menschen kämpfen und töten, um ihre Glaubenssätze zu rechtfertigen und zu schützen. Und doch sind Glaubenssätze nur Gedanken, und Gedanken lassen sich verändern. Ich liebe mich; deshalb verletze ich mich selbst oder andere Menschen von nun an nicht mehr durch grausame Gedanken, harte Kritik oder Schuldzuweisungen. Ich liebe mich; deshalb höre ich damit auf, mich durch negatives Denken ständig selbst zu bestrafen. Ich liebe mich; deshalb höre ich auf, die Rolle des Opfers oder des Täters zu spielen, je nachdem mit welcher dieser Rollen ich mich bislang identifizierte. Ich vergebe mir und ich vergebe anderen.

Die Liebe ist immer stärker
als Gewalt.

10. KAPITEL

Sucht

Ich bin süchtig
nach Leben, Liebe,
Freude und Glück.

Süchte sind das Resultat eines Lebens in Angst und Wut. Sie stellen einen Versuch Ihres Bewusstseins dar, zu leugnen, was Sie in Wahrheit denken und fühlen. Dadurch, dass Sie Ihre Gefühle unterdrücken, verzögern Sie jedoch gerade die Heilung, die Sie so dringend brauchen. Die Substanzen oder Erlebnisse, die Sie zur Unterdrückung Ihrer Gefühle benutzen, sind nur billiger Ersatz für die Liebe und Freude, nach denen Ihr Herz und Ihre Seele sich in Wahrheit sehnen.

Beginnen Sie damit, sich selbst zu lieben. Dann werden Sie entdecken, dass wahre Freude, wahres Glück entstehen, wenn Sie Ihre Kreativität dazu nutzen, Liebe und Mitgefühl für Ihre Brüder und Schwestern zum Ausdruck zu bringen. Wenn Sie für eine Heilung bereit sind, gibt es viele Menschen, die Ihnen dabei gerne helfen. Gesundwerden lohnt die dafür erforderliche Anstrengung.

Um sich von Süchten zu befreien, müssen Sie zunächst den Mut aufbringen, sich den Ängsten und der Wut zu stellen, die Sie bislang geleugnet haben. Erkennen Sie, dass Sie Ihre Angst selbst erschaffen haben. Und etwas Erschaffenes kann nie mächtiger sein als sein Schöpfer. Erlauben Sie dann Ihren Freunden, Ihnen zu helfen, und seien Sie von nun an nur noch süchtig nach Leben, Liebe, Freude und Glück.

Liebe Louise,
ich bin sechsundvierzig Jahre alt und rauche seit über dreißig Jahren. Ich wüsste gerne, wie Sie über das Rauchen denken. Das ganze öffentliche Klima ist für Raucher inzwischen sehr unfreundlich geworden, besonders hier in Kalifornien. Wir dürfen

nur noch im Freien rauchen und manche Leute wollen es uns selbst dort verbieten.

Vor fast neun Jahren habe ich mit dem Trinken und den Drogen Schluss gemacht, und das war eine ziemliche Leistung für mich – ein echter Wendepunkt in meinem Leben. Noch nie habe ich mich so gut gefühlt wie heute. Aber ich rauche Zigaretten und genieße das sehr. Vermutlich bin ich, was das Rauchen angeht, so großzügig mit mir, weil es damals so ein großer Schritt für mich war, Alkohol und Drogen aufzugeben.

Ich gebe zu, ich habe Angst vor dem psychologischen Trauma, das mit der Aufgabe einer so eingewurzelten Gewohnheit einhergeht. Ich glaube nicht, dass Nichtraucher sich davon eine Vorstellung machen können; sie denken wahrscheinlich, man könne von einem Tag zum anderen »ganz einfach Nein sagen«.

Was ich mir wirklich wünschen würde, ist, dass das Rauchen meiner Gesundheit nicht schadet, sodass ich für den Rest meines Lebens glücklich meine Zigaretten genießen kann. Ich wünschte, die militanten Nichtraucher würden ihre Aufmerksamkeit wichtigeren Problemen widmen. Und wenn ich mich doch irgendwann entscheide, ohne Zigaretten zu leben, würde ich mir wünschen, dass das ganz leicht und untraumatisch gelingt.

Louises Antwort:
Als Erstes möchte ich Ihnen sagen, dass ich auch viele Jahre geraucht habe. Ich fing mit fünfzehn damit an, weil ich es für ein Zeichen von Stärke und Erwachsensein hielt. Ich habe lange gebraucht, um von den Zigaretten loszukommen. Raucher sind sich gewöhnlich nicht bewusst, dass sie stinken wie ein voller Aschenbecher. Zeitweilig ging ich so weit, dass ich morgens, ehe ich zur Arbeit fuhr, an

dem Aschenbecher in der Halle meines Apartmenthauses roch, um mir bewusst zu machen, welchen Gestank ich selbst verströmte. Zu guter Letzt war das Leben mir gnädig: Ich fuhr zu einem einmonatigen Seminar, bei dem niemand rauchte, auch ich nicht. Als ich nach Hause kam, rauchte ich eine halbe Zigarette, worauf mir furchtbar schlecht wurde. Dankbar legte ich mich ins Bett und habe seither nie wieder eine Zigarette angefasst.

Zweifellos war es ein großer Schritt für Sie, Alkohol und Drogen aufzugeben, und doch hat Ihr Leben sich dadurch sehr zum Besseren verändert. Wenn Sie mit dem Rauchen aufhören, wird es sich weiter beträchtlich verbessern. Doch das ist allein Ihre Entscheidung. Mag sein, dass Sie es zum rechten Zeitpunkt aufgeben oder dass Sie bis zu dem Tag rauchen, an dem Sie den Planeten verlassen. Ich glaube nicht, dass es sich um eine Frage von Gut oder Böse handelt, da ausschließlich Sie selbst davon betroffen sind. Es ist Ihr Leben und ich kann Ihnen nicht sagen, was Sie tun sollen. Wenn Menschen Rauchverbote fordern, hat das etwas mit der Erkenntnis zu tun, dass Passivrauchen für Nichtraucher sehr gesundheitsschädlich ist. Daher wollen sie nicht in Ihrer Nähe sein und den Qualm einatmen müssen, wenn Sie rauchen.

Bejahen wir gemeinsam, dass Ihnen, *wenn* Sie sich für das Aufhören entscheiden, der Übergang in ein nikotinfreies Leben leicht und problemlos gelingt. Nichts im Leben ist von Dauer. Das Rauchen ist zum richtigen Zeitpunkt Teil Ihres Lebens geworden und wird auch zum richtigen Zeitpunkt auf die für Sie perfekte Weise wieder aus Ihrem Leben verschwinden. Eine gute Affirmation für Sie lautet: ICH BIN IM FRIEDEN MIT MEINEM LEBEN UND MIT MEINEN MITMENSCHEN. ALLES IST GUT.

Liebe Louise,
ich bin siebenunddreißig Jahre alt und sehr dick. Ich weiß nicht, wohin ich mich wenden soll. Ich leide unter einer langen Liste von suchthaften und zwanghaften Verhaltensweisen. Im Moment bin ich in einer Klinik, wo ich wegen meiner Bulimie behandelt werde. Sie wollen, dass ich bei einem Zwölf-Schritte-Programm mitmache, aber ich finde dieses Programm frustrierend, weil ich nicht weiß, was sie dort von mir erwarten. Davor habe ich eine Gruppe nach der anderen besucht, aber nie lange durchgehalten.

Alles, was ich weiß, ist, dass ich mich seelisch sehr, sehr unwohl fühle. Ich möchte meine Sucht und mein zwanghaftes Verhalten gerne einer höheren Macht übergeben, aber zu akzeptieren, dass ich für meine Probleme selbst verantwortlich bin, fällt mir schwer. Ich möchte mich wirklich verändern, aber ich habe Angst.

Louises Antwort:
Man merkt Ihrem Brief an, wie frustriert Sie über sich selbst sind. Bulimie wird oft mit Selbsthass in Verbindung gebracht. Es besteht ein Gefühl, das eigene Selbst buchstäblich ausspeien zu wollen, weil man es als völlig wertlos betrachtet. Menschen, die an Bulimie leiden, haben häufig das Empfinden, dass man sie niemals so lieben wird, wie sie sind.

So schwer Ihnen das auch erscheinen mag: Machen Sie sich nicht länger Gedanken darüber, wieviel Sie wiegen oder wieviel Sie essen, und kümmern Sie sich nicht um Ihr momentanes Aussehen. Das alles ist Teil jenes Mechanismus der Selbstablehnung, der gegenwärtig in Ihnen abläuft. Stellen Sie sich vor den Spiegel und sagen Sie sich immer wieder: »Ich liebe dich. Ich liebe dich wirklich.« Machen Sie sich klar, dass Sie innerlich ein wunderschönes, göttliches Wesen sind, ganz gleich wieviel Sie wiegen.

Sie schreiben mir, Sie hätten ohne Erfolg an verschiedenen Programmen und Gruppen teilgenommen. Zwölf-Schritte-Programme sind wundervoll. Sie brauchen keine Angst vor der Arbeit an sich selbst zu haben, die man Ihnen dort abverlangt. Doch diese Programme wirken nur, wenn Sie über einen längeren Zeitraum kontinuierlich daran teilnehmen. Nutzen Sie die Zeit zwischen den Treffen, um Ihr Leben immer wieder so zu visualisieren, wie Sie es sich wünschen? Setzen Sie sich täglich still hin, um Ihre Mitte zu finden und zu meditieren? Wenden Sie regelmäßig Ihre positiven Affirmationen an? Eine gute Affirmation für Sie ist: ICH AKZEPTIERE MEINE EIGENE LIEBE UND ICH FINDE JETZT FREUDE UND ZUFRIEDENHEIT DARIN, ICH SELBST ZU SEIN.

Erst wenn Sie akzeptieren, dass die Lösung für Ihre Probleme in Ihnen liegt, kann Hilfe von außen etwas bewirken und ein neues Zwölf-Schritte-Programm oder eine Gruppe sich als die Wunderkur erweisen, auf die Sie hoffen. Tun Sie Ihre Spiegelarbeit und lernen Sie sich selbst besser kennen. Wenn Sie erst einmal beginnen, sich selbst ein wenig zu mögen, werden in Ihrem Leben überall kleine Wunder geschehen.

Liebe Louise,
ich bin zweiundzwanzig Jahre alt, männlich und wurde als Kind sexuell missbraucht, geschlagen und emotional tyranni-

siert. Ich glaube, dass ich meine Wut auf den Mann, der mir das damals antat, inzwischen verarbeitet habe, aber ich setze den Missbrauch noch immer selbst fort, indem ich mich sexuell in einer Weise verhalte, die meinem Körper nicht gut tut.

Ich schreibe Ihnen diesen Brief wegen meiner »Sex-Sucht«. Ich schlafe mit einer großen Zahl von Männern, ohne dass diese kurzen sexuellen Begegnungen mir wirklich Freude und Befriedigung bringen.

Schon seit einigen Jahren möchte ich dieses Verhalten aufgeben, doch es gelingt mir nicht. Ein Teil von mir scheint einfach nicht von diesem Sexualverhalten lassen zu können.

Louises Antwort:
Wie gut, dass Sie Hilfe suchen! Bittet und euch wird gegeben. Neben psychotherapeutischen Angeboten gibt es Selbsthilfegruppen für Menschen, die unter sexuellen Zwängen leiden. Informationen dazu können Sie zum Beispiel über NAKOS in Berlin erhalten (Adresse siehe Seite 398) sowie über die örtlichen Büros der freien Wohlfahrtsverbände.

Seien Sie liebevoll und mitfühlend zu sich selbst und machen Sie sich immer wieder bewusst, dass jedes negative Muster sich auflösen lässt, wenn Sie aufrichtig bereit sind, an sich zu arbeiten. Sie verdienen es, geliebt zu werden. Sie sind liebenswert. Da wir in den Zeiten von Aids leben, sollten Sie ganz besonders darauf achten, sich selbst und Ihre Partner vor Ansteckung zu schützen.

Eine heilende Affirmation für Sie könnte dabei lauten: ALLE BEREICHE MEINES LEBENS SIND HEIL UND VON LIEBE DURCHDRUNGEN.

Liebe Louise,
meine Kindheit war nicht eben leicht, da meine Eltern beide tranken. Ich wusste nie, welches ihrer Gesichter mich erwartete, wenn ich nach Hause kam – die albernen, auf fröhliche Weise betrunkenen Leute oder ihre andere, Furcht einflößende, manchmal gewalttätige Seite. Ich brauche wohl nicht zu erwähnen, dass ich nur selten Freunde zum Spielen zu mir einlud.

Als ich mich mit achtzehn auf und davon machte, beschlossen meine Eltern endlich, zu den Anonymen Alkoholikern zu gehen. Darauf folgten bei ihnen zehn Jahre der Abstinenz. Unsere Beziehung wurde sehr eng und ich lernte sie endlich als die wunderbaren, liebevollen Menschen kennen, die sie in Wahrheit sind.

Mein Problem ist nun, dass sie ganz plötzlich wieder zu trinken begonnen haben. Obwohl ich natürlich weiß, dass sie beide ihren eigenen Weg gehen müssen und dass ich nicht für sie verantwortlich bin, frage ich mich dennoch, ob ich irgendwie verhindern kann, dass sie wieder völlig in ihre frühere, alkoholumnebelte Welt abgleiten. Wissen Sie Rat?

Louises Antwort:
Ich kann gut verstehen, wie enttäuscht Sie über den Rückfall Ihrer Eltern sind. Aber erfreulicherweise haben Sie ja bereits klar erkannt, dass es nicht *Ihr* Problem ist. Wir wollen stets das Beste für unsere Eltern und doch fällt es uns schwer, die Dinge aus einer größeren Perspektive zu sehen. Wir können nie genau wissen, welche Erfahrungen ein anderer Mensch auf der Seelenebene benötigt. Wir wissen lediglich, dass alle Erfahrungen im Leben ihren eigenen Wert besitzen. Das, was Ihre Eltern durchmachen, ist

auf der Seelenebene für sie von Wert. Unsere Eltern sind unsere größten Lehrer und manchmal besteht ihre Lektion für uns darin, dass sie uns deutlich vor Augen führen, was man im Leben alles »falsch« machen kann. Seien Sie froh, dass Sie eine zehnjährige Phase großer menschlicher Nähe zu ihnen erleben durften, die Sie dankbar in Erinnerung behalten können. Lieben Sie sie und seien Sie sich immer bewusst, dass die universale Intelligenz in Ihren Eltern wirkt und ihnen jederzeit zugänglich ist.

Wenn Sie sachkundige Hilfe benötigen, um die momentane Situation zu bewältigen, empfehle ich Ihnen, zu Al-Anon (Adresse siehe Seite 398; Anm. d. Übers.) zu gehen. Diese wunderbare Organisation kann Sie weit besser beraten, als es mir möglich ist. Lieben Sie sich selbst, seien Sie freundlich und mitfühlend zu Ihrem inneren Kind und bejahen Sie: ICH BIN IM FRIEDEN MIT ALLEN ASPEKTEN MEINES LEBENS.

Liebe Louise,
mein Mann und ich sind seit drei Jahren verheiratet. Seit seiner College-Zeit vor fast zwei Jahrzehnten raucht er jeden Abend Marihuana. Anfangs machte es mir nichts aus, dass er sich abends nach der Arbeit diesem Vergnügen hingab, das meiner Ansicht nach eine Sucht ist. Er hat einen guten Job und ist ein gutmütiger, friedfertiger Mensch. Aber diese schlechte Angewohnheit, Marihuana zu rauchen, empfinde ich zunehmend als sehr störend.

Ich habe den Eindruck, dass Marihuana die Emotionen abtötet – es verhindert, dass ein Mensch wirklich etwas empfindet. Wenn etwas Unerfreuliches geschieht, zündet sich mein Mann einfach einen Joint an, statt sich wirklich auf seine Gefühle einzulassen. Ich glaube, dass das unser Liebesleben beeinträchtigt und die Verständigung zwischen uns erschwert. Ich habe ihn gebeten, das Marihuanarauchen aufzugeben, doch er hat nur geantwortet: »Du wusstest davon, als wir uns kennen lernten. Ich werde niemals damit aufhören, du musst dich also entscheiden, ob du mich so akzeptieren willst oder nicht.«

Mein Dilemma ist: Soll ich seinen Marihuanakonsum einfach hinnehmen oder soll ich ihm klarmachen, dass er in Wahrheit suchtkrank ist?

Louises Antwort:
Wir können andere Menschen nicht ändern – auch wenn wir ganz genau zu wissen glauben, was das Beste für sie ist! Ihr Mann hat Ihnen nie etwas vorgemacht. Sie wussten vor der Heirat von seiner Angewohnheit. Wenn Sie darauf beharren, dass er das Rauchen aufgibt, verstärken Sie damit nur seinen Widerstand. Wenn Sie einen Krieg daraus machen, können Sie dabei nur verlieren. Möglicherweise zerbricht darüber sogar Ihre Ehe. Möchten Sie das wirklich riskieren? Ich empfehle Ihnen, dass Sie an sich selbst arbeiten, statt zu versuchen, Ihren Mann zu ändern.

Es ist wichtig, dass Sie sich gut fühlen, und ob Sie sich gut oder schlecht fühlen, liegt an Ihrem Denken. Praktizieren Sie im Stillen Affirmationen für die Art von Ehe, die Sie sich wirklich wünschen. Achten Sie dabei darauf, dass Sie Ihre Affirmationen positiv formulieren, dass Sie also beschreiben, was Sie *wollen,* nicht, was Sie *nicht* wollen. (Nicht: »Ich will nicht, dass mein Mann Marihuana raucht«, sondern: »Ich möchte, dass wir beide in unserer

Ehe glücklich sind und uns wohl fühlen.«) Wählen Sie Gedanken, bei denen Sie sich wohl fühlen. Konzentrieren Sie sich auf die guten Seiten Ihrer Ehe, die Ihnen ein Gefühl von Dankbarkeit geben. Lieben Sie sich selbst. Bringen Sie allem, was das Leben Ihnen schenkt, Wertschätzung entgegen. Lassen Sie zu, dass die Energie des Universums, die Glück und Freude bringt, Sie durchströmt. Bejahen Sie: WIR FÜHREN EINE WUNDERBARE EHE UND WIR SIND BEIDE GLÜCKLICH UND FREI!

Indem ich mir selbst vergebe, befreie ich mich

Jede übermäßige Abhängigkeit von einer Sache oder Person ist eine Sucht. Ich kann abhängig von Drogen und Alkohol, von Sex und Tabak sein, doch Abhängigkeit kann sich auch darin äußern, dass ich mir oder anderen ständig Vorwürfe mache, Vorurteile pflege, häufig krank bin, Schulden mache, das unschuldige Opfer spiele oder mich immer wieder zurückgewiesen fühle. Aber ich kann das alles überwinden. Süchtig zu sein bedeutet, dass ich meine persönliche Macht an eine chemische Substanz oder eine Gewohnheit abgebe. Ich kann mir meine Macht jederzeit wieder zurückholen. Ich kann sie mir jetzt, in diesem Moment, zurückholen! Ich lege mir jetzt die positive Gewohnheit zu, mir ständig bewusst zu sein, dass das Leben für mich da ist. Ich vergebe mir und gehe weiter. Ich besitze einen ewigen Geist, der immer bei mir war und der auch jetzt bei mir ist. Ich entspanne mich und lasse los. Während ich ruhig und tief atme, trenne ich mich von alten Gewohnheiten und lege mir neue, positive zu.

Ich vertraue auf meine
persönliche Kraft
und überwinde
meine Grenzen.

11. KAPITEL

Wohlstand

Indem ich der Welt
von meinen Talenten und Fähigkeiten
gebe, wird mein Leben reich.

Sie wünschen sich goldene Paläste und Satinbetten, rauschende Feste ohne Ende, mit teurem Essen und erlesenem Wein. Doch das sind oft nur vom Verstand erzeugte Begierden. In Ihnen gibt es ein Samenkorn der Wahrheit, das heranreifen muss. Das ist die Liebessehnsucht Ihres Herzens und der Lebensdurst Ihrer Seele. Kein Ding und keine äußere Aktivität vermag diese Sehnsucht zu stillen, nur die stille Suche nach Ihrer inneren Wahrheit. Die materiellen Dinge sind lediglich Illusionen, bestenfalls Symbole für das, wonach Sie wirklich suchen.

Wenn Sie diese innere Wahrheit entdecken und leben, werden Sie dafür reichen Lohn empfangen. Denn Ihr innerer Reichtum besteht in der Liebe und Freude, die Sie dem Leben entgegenbringen. Was Sie Ihren Brüdern und Schwestern geben, geben Sie zugleich auch sich selbst. Was Sie dem Leben geben, wird reich vermehrt zu Ihnen zurückkehren. Tatsächlich sind Sie das, was Sie geben. Wenn Angst Sie jedoch dazu verleitet, immer nur nehmen zu wollen, dann wird Ihnen beizeiten das genommen werden, was Sie selbst dem Leben nehmen.

Liebe Louise,
ich bin ein verheirateter Mann Anfang vierzig. Ich habe eine wunderbare Frau, ein kleines Kind, ein schönes Zuhause und einen ziemlich guten Job. Leider bin ich in finanzieller Hinsicht ständig unzufrieden. Meine ganze Selbstachtung und innere Zufriedenheit scheinen davon abzuhängen, wie viel Geld ich verdiene, wie groß mein Haus ist oder wie teuer mein Auto, verglichen mit dem Besitz anderer, wohlhabenderer Leute. Warum kann ich mich nicht einfach an dem freuen, was ich besitze, ohne immer mehr haben zu wollen?

Louises Antwort:
Sie stehen damit nicht allein. Vielen Männern wird von Kind an vermittelt, ihr Wert als Person hinge von äußeren Besitztümern ab. Ihr Vater hat vermutlich ebenso empfunden. Für Ihr spirituelles Wachstum wird es von Bedeutung sein, dass Sie das ständige Vergleichen mit anderen aufgeben und sich um Selbstannahme und eine liebevolle Offenheit dem Leben gegenüber bemühen. Ich schlage Ihnen vor, dass Sie sich einmal drei Tage frei nehmen und an einem ruhigen Ort in der Natur für sich allein zelten und wandern. Nehmen Sie dort bewusst Verbindung zu den Bäumen und anderen Pflanzen, den Tieren und den Elementen auf. Stellen Sie sich dabei Fragen wie: Gibt es Möglichkeiten für mich, wie ich von Konkurrenz- und Wettbewerbsdenken wegkommen und zu harmonischer Kooperation mit allem Leben gelangen kann? Angenommen, ich hätte kein eigenes Haus und kein Einkommen, wie würde ich dann Sinn in meinem Leben finden? Was ist *wirklich* wichtig für mich? Was kann ich in diesem Leben lernen und was kann ich andere Menschen lehren?

In ihrem Buch *In der Mitte des Lebens* schreibt Gail Sheehy, dass wir rechtzeitig lernen sollten, einen Sinn in unserem Leben zu finden, weil wir uns sonst, wenn wir die fünfzig überschreiten, unzufrieden und unerfüllt fühlen. Männer, denen die so genannten »männlichen Wechseljahre« zu schaffen machen, befinden sich zumeist in einem sehr depressiven Geisteszustand. Lesen Sie Gail Sheehys Buch! Es ist wirklich brillant und zeigt uns Wege auf, wie wir unsere zweite Lebenshälfte mit Leidenschaft und Stärke angehen können. Ich bin fest überzeugt, dass wir nicht auf die gleiche Weise wie unsere Eltern altern müssen. Fühlen wir uns als Pioniere, die neue Muster für ein langes und erfülltes Leben kreieren!

Bejahen Sie: ICH EMPFINDE TIEFE DANKBARKEIT FÜR ALLE SEGNUNGEN IN MEINEM LEBEN. Sagen Sie diese Affirmation häufig leise vor sich hin und werden Sie sich der vielen kleinen Segnungen des Alltags bewusst, die wir so oft für selbstverständlich nehmen.

Liebe Louise,
es fällt mir furchtbar schwer, zu dauerhaftem finanziellem Wohlstand zu gelangen. Vor einigen Jahren verlor ich eine sehr gut dotierte Anstellung, wobei mir mein damaliger Arbeitgeber eine hohe Abfindung zahlte. Anschließend entschloss ich mich zu einer beruflichen Veränderung und arbeite seither als freier Handelsvertreter. Doch nun muss ich schon seit drei Jahren mit nur noch der Hälfte meiner früheren Einkünfte auskommen und habe es satt, ständig unter Geldmangel zu leiden.

Ich bin wütend auf mich selbst, dass ich es überhaupt so weit habe kommen lassen. Haben Sie ein paar Ratschläge für mich, wie ich meine Situation verbessern kann? Ich frage mich, ob die Tatsache, dass ich damals eine so hohe Abfindung bekam, bei mir vielleicht unbewusst Schuldgefühle verursacht.

Louises Antwort:
Wenn wir unter Geldknappheit leiden, spielen dabei stets Schuldgefühle und Minderwertigkeitskomplexe eine große Rolle. Falls Sie Schuldgefühle wegen der hohen Abfindungssumme verspüren, die Ihnen damals gezahlt wurde, resultieren diese Gefühle aus Glaubenssätzen, die Sie als Kind von Ihren Eltern übernommen haben. Denken Sie

einmal darüber nach, welche Ansichten Ihre Eltern über das Geldverdienen hatten. Vermutlich handelte es sich dabei um ziemlich einengende Glaubenssätze. Wenn ja, vergeben Sie ihnen und machen Sie sich bewusst, dass Sie sich jederzeit neue Glaubenssätze aneignen können.

Meditieren Sie und konzentrieren Sie sich auf Ihre seelische Mitte. Ihr Denken ist zu ruhelos, zu sehr auf das scheinbare Fehlen äußerer Sicherheiten fixiert. Tief im Zentrum Ihrer Seele finden Sie Nahrung für alle Ihre Bedürfnisse.

Lernen Sie, sich selbst zu lieben, statt wütend auf sich zu sein. Diese Wut ist »Armutsdenken«, denn Sie vergeuden dabei Energie. Wenn Sie wütend auf sich sind, halten Sie damit den Wohlstand fern, den Sie herbeisehnen.

Wäre es nicht möglich, dass Sie sich auch jetzt lieben und akzeptieren, wo Sie weniger Geld verdienen als zuvor? Sind äußere Sicherheiten für Ihre Persönlichkeit wirklich so wichtig? Warum? Von Ihrer Seele werden Sie immer geliebt, ganz gleich wie hoch Ihr Einkommen ist.

Sie haben schon einmal unter Beweis gestellt, dass Sie ein hohes Einkommen erwirtschaften können. Daher verfügen Sie zweifellos über die dafür nötigen Fähigkeiten. Ich empfehle Ihnen, sich aus Büchern über Wohlstandsvermehrung eine Übung auszuwählen, die Ihnen zusagt, und diese Übung über sechs Monate regelmäßig zu praktizieren.

Sagen Sie sich immer wieder: ICH HÖRE NIEMALS AUF, MICH SELBST ZU LIEBEN, UND DAS LEBEN HÖRT NIEMALS AUF, MICH MIT ALLEM ZU VERSORGEN, WAS ICH ZU MEINEM GLÜCK BENÖTIGE.

Liebe Louise,
warum verlangen Medien, Heiler und andere mit den metaphysischen Bereichen in Kontakt stehende Personen Geld, oft sogar sehr viel Geld für ihre Dienste? Ich finde, dass ihre besonderen Gaben dazu bestimmt sind, die Bewusstheit möglichst vieler Menschen zu steigern, und deshalb kostenlos angeboten werden sollten, damit nicht nur ein kleiner Personenkreis sie sich leisten kann.

Louises Antwort:
Das Honorar, das ein Mensch für seine Arbeit verlangt, richtet sich nach dem Wert, den er ihr beimisst. Wenn Sie die Arbeit dieser Menschen als »metaphysisch« betrachten, heißt das ja wohl noch lange nicht, dass die Betreffenden deshalb ihr Selbstwertgefühl aufgeben müssen. Schließlich können die Kunden oder Klienten selbst entscheiden, ob sie die jeweilige Summe zu zahlen bereit sind. Es steht mir in keiner Weise an, über die Gebühren zu urteilen, die andere für ihre Dienste erheben.

Ich weiß nicht, welcher Tätigkeit Sie nachgehen, kann mir aber kaum vorstellen, dass Sie bereit wären, auf Ihren Arbeitslohn zu verzichten. Denn wovon sollten Sie dann Ihre Rechnungen bezahlen? Ich entnehme Ihrem Brief, dass Sie sich offenbar bestimmte Dienste, die Sie gerne in Anspruch nehmen würden, nicht leisten können. Deshalb möchten Sie gerne, dass es diese Dienstleistungen umsonst gibt. Kostenlosen Leistungen wird aber im Allgemeinen von ihren Nutzern kein großer Wert beigemessen. Auch werden Sie selbst es nie zu echtem Wohlstand bringen, wenn Sie anderen dieses Recht absprechen. Ich freue mich am wirtschaftlichen Erfolg anderer Menschen und weiß, dass sich dadurch auch für mich selbst das Tor zum Wohlstand weit öffnet.

Bejahen wir also gemeinsam: ICH HABE ANTEIL AN DER NIE VERSIEGENDEN FÜLLE DES UNIVERSUMS. VOLLER FREUDE BEZAHLE ICH ANDERE FÜR IHRE DIENSTE UND EMPFANGE SELBST DANKBAR, WAS MIR ZUSTEHT.

Liebe Louise,
ich bin achtundvierzig Jahre alt und habe mein ganzes Leben hindurch immer wieder schwere Verluste hinnehmen müssen. Das betrifft persönlichen Besitz ebenso wie Freundschaften und berufliche Erfolge, die wieder zunichte gemacht wurden. Ich wurde mehrfach um den Lohn für meine Arbeit betrogen, bin von Freunden ausgenutzt worden und so weiter.

Im vorigen Jahr wurde gleich zweimal in meine Wohnung eingebrochen. Nach dem ersten Einbruch rief ich einen guten Freund an, einen Geistlichen, und schilderte ihm, was geschehen war. Ich fragte ihn, ob es einen Weg gibt, das psychologische Muster bei mir aufzudecken, durch das ich immer wieder solche Erfahrungen anziehe. Er sagte mir, wenn ich im Gebet aufrichtig darum bäte, würde ich auf jeden Fall Antwort auf meine Fragen erhalten. Drei Tage später enthüllte der Heilige Geist mir, dass ich mein Leben lang immer an persönliche Verluste geglaubt hätte, und jedes neue dementsprechende Erlebnis hätte diesen Glauben verstärkt.

Sofort begann ich mit der notwendigen Arbeit an meinen mentalen Mustern, benutzte Affirmationen und hoffte bereits, das negative Muster überwunden zu haben. Doch warum kam es dann trotzdem zu dem zweiten Einbruch in meine Woh-

nung? Was habe ich noch nicht begriffen? Was kann ich zusätzlich für eine Heilung tun?

Louises Antwort:
Wie gut, dass Sie Ihr negatives Muster, den Glauben an persönliche Verluste, selbst aufgedeckt haben. Damit sind Sie zu einer sehr wertvollen Erkenntnis gelangt. Dieser Glaube stammt vermutlich aus Ihrer Kindheit. Die mentale Arbeit, die Sie begonnen haben, um das Muster zu verändern, ist gut und sinnvoll. Gewiss sind Sie dadurch schon ein großes Stück vorangekommen; Muster, die von Kindheit an bestanden haben, lassen sich jedoch nicht über Nacht beseitigen. Der neuerliche Einbruch in Ihre Wohnung zeigt, dass Sie noch weiter an sich arbeiten müssen.

Denken Sie daran: Das, was wirklich Teil Ihres Bewusstseins ist, kann Ihnen niemals genommen werden. Was wir geben, kommt stets wieder zu uns zurück.

Ist es möglich, dass Sie selbst anderen Leuten etwas stehlen, ohne sich dessen bewusst zu sein? Vielleicht stehlen Sie keine materiellen Dinge (noch nicht einmal Büroklammern), aber es könnte sein, dass Sie anderen Leuten die Zeit stehlen oder dass Sie in Ihren zwischenmenschlichen Beziehungen mehr nehmen als geben.

Könnte es sein, dass Sie den Glauben hegen, nichts Gutes im Leben zu verdienen? Vielleicht sollten Sie Vergebungsarbeit gegenüber jenen Leuten leisten, die Sie den Glauben an persönlichen Verlust gelehrt haben.

Wenden Sie sich erneut nach innen und bitten Sie diesbezüglich um Antworten. Vergeben Sie auch den Menschen, von denen Sie bestohlen wurden. Eine gute Affirmation für Sie lautet: ICH LEBE EHRLICH UND VERDIENE NUR GUTES UND MEINE BESITZTÜMER STEHEN UNTER GÖTTLICHEM SCHUTZ.

Liebe Louise,
ich übe einen kreativen Beruf aus, komme bislang jedoch auf keinen grünen Zweig. Ich bin in extremer Armut aufgewachsen. Heute ist mir klar, dass ich, um zu Wohlstand zu gelangen, die Glaubenssätze ändern muss, die mir in der Kindheit einprogrammiert wurden. Hier sind die Sprüche, die ich in der Kindheit ständig zu hören bekam: Niemand hier aus dieser Gegend hat es je zu etwas gebracht. Es gibt niemals genug Geld für alle. Es gibt keine Arbeit. Alle hier sind sehr arm. Armut ist spirituell wertvoll. Du wirst verhungern, wenn du fortgehst. Du bist unwichtig und niemand mag dich. Alle Menschen müssen leiden. Du stammst hier aus diesem Slum und deshalb wirst du niemals etwas Besseres sein, mehr Geld haben oder etwas Außergewöhnliches leisten. Die, die von hier weggingen, sind alle krank geworden und gestorben oder umgebracht worden. Alle kommen immer wieder hierher zurück, weil die Welt draußen noch viel schrecklicher ist. Deine persönlichen Wünsche zählen nicht. Wir haben nie viel besessen und das wird auch immer so bleiben. Die Leute dort draußen sind alle darauf aus, dich zu betrügen und dir wehzutun. Leute, die viel Geld haben, sind Snobs. Bleib dort, wo du hingehörst, in deiner eigenen sozialen Schicht.

Über ein paar Tipps zur Umwandlung dieser Glaubenssätze würde ich mich sehr freuen.

Louises Antwort:
Zunächst sollten Sie etwas Vergebungsarbeit leisten. Bejahen wir gemeinsam: »Ich vergebe jetzt allen Menschen aus meiner Kindheit, die mir in ihrer Unwissenheit negative und unwahre Glaubenssätze beibrachten. Ich liebe meine Eltern, doch ich löse mich jetzt von ihren alten, einengenden Ansichten. Ich erkläre jetzt, dass ich die folgenden Wahrheiten über mich selbst und das Leben zum festen Bestandteil meines Denkens mache. Ich akzeptiere diese Affirmationen als wahr und weiß, dass ich im Leben nur Gutes verdiene.«

Nun werden wir jeden Ihrer alten Glaubenssätze zu einer positiven Affirmation umformulieren:

- Ich gebe ein Beispiel für alle Leute aus unserer Gegend.
- Ich bin offen und bereit für große Erfolge.
- Geld ist Energie und im Überfluss vorhanden.
- Es gelingt mir stets mühelos, mir sinnvolle und finanziell einträgliche Arbeit zu verschaffen.
- Gott liebt Menschen, die zu Wohlstand gelangen, indem sie auf liebevolle Weise Gebrauch von Ihren Talenten und Fähigkeiten machen.
- Ich löse mich jetzt von meinen alten, negativen Glaubenssätzen. Sie sind mir nicht länger von Nutzen.
- Ich bin wichtig – für mich selbst und für das Leben. Das Universum liebt mich und braucht mich.
- Kreative geistige Arbeit ist so wertvoll und wichtig wie harte körperliche Arbeit und oft lässt sich mit ihr weit mehr Geld verdienen.

- Wer an das Leben glaubt, wird leiden. Ich entscheide mich bewusst dafür, nicht mehr an den Schmerz zu glauben.
- Ich erledige von nun an alle meine Aufgaben mit Leichtigkeit.
- Ich bin jetzt bereits wohlhabender als zuvor.
- Von Tag zu Tag werde ich in jeder Hinsicht erfolgreicher.
- Indem ich ein erfolgreiches und erfülltes Leben führe, werde ich zum Vorbild für andere.
- Ich gedeihe in jeder Hinsicht und entfalte meine Talente.
- Ich bin der/die, ich bin, und lebe nach meinen eigenen Regeln.
- Wer schreckliche Erfahrungen erwartet, wird schreckliche Erfahrungen machen. Ich erwarte nur Gutes und daher begegnet mir überall nur Gutes.
- Ich bin im Universum zu Hause.
- Das Universum reagiert positiv auf meine Wünsche, solange ich glaube, dies zu verdienen.
- Mein Leben hat einen Sinn.
- Ich schließe niemals von der Vergangenheit auf die Zukunft.
- Ich bin es wert, dass alle meine Träume in Erfüllung gehen, und so geschieht es.
- Alle Menschen meinen es gut mit mir. Ich bin von Liebe umgeben.
- Alle materiell wohlhabenden Menschen, die ich kenne, sind freundlich, liebevoll und stehen mit beiden Beinen auf der Erde.
- Während mein Wohlstand beständig wächst, gehe ich frei und freudig meinen Weg. Gesellschaftliche Schranken sind für mich keinerlei Hindernis.

Viele Menschen besitzen negative Glaubenssätze zum Thema Wohlstand und Geld. Diese Überzeugungen sind ihnen in der Kindheit eingeprägt worden, doch heute, als Erwachsene, können sie sich neue Glaubenssätze zulegen und so ihr Leben zum Besseren verändern. Ich wuchs in einer sehr armen Familie auf, aber ich habe es geschafft, diese alten Prägungen hinter mir zu lassen. Heute erlebe ich in allen Bereichen meines Daseins Wohlstand und Fülle. Hier sind weitere Affirmationen für Sie. Schreiben Sie sie auf Zettel, die Sie an Stellen befestigen sollten, wo Ihr Blick häufig darauf fällt.

- Heute bin ich reich. Es ist in Ordnung, wenn meine Familie und alten Freunde weiterhin ihren einengenden Glaubenssätzen anhängen. Ich kann mich auf andere Weise entwickeln als sie.
- Ich tu heute die Arbeit, die ich liebe, und werde dafür gut bezahlt. Ich verstehe es, gut mit Geld umzugehen und mir angemessene Rücklagen zu schaffen. Ich verdiene es, stets ein gut gefülltes Bankkonto zu haben, und sorge jetzt für ein entsprechendes Einkommen. Alle meine Rechnungen werden stets pünktlich bezahlt und es bleibt Geld übrig, das ich zurücklegen kann.
- Wenn ich das Gefühl habe, mir wachsen die Dinge über den Kopf, mache ich mir sogleich bewusst, dass dies nur alte Muster aus der Kindheit sind. Ich entspanne mich, lenke meine Aufmerksamkeit auf mein inneres Zentrum und frage: »Was ist das Beste für mich?« Dann schwindet alle Verwirrung und mein Weg liegt klar vor mir.
- Das Kind in mir glaubt jetzt nicht länger, dass andere

Menschen darauf aus sind, mich zu übervorteilen. Ich löse mich jetzt von diesem lächerlichen Irrglauben und er verschwindet in das Nichts, aus dem er gekommen ist.

Lesen Sie sich diese Affirmationen mindestens ein bis zwei Monate lang täglich morgens und abends aufmerksam durch. Sie können Ihre Welt verändern, indem Sie Ihr Denken verändern. Bejahen Sie beharrlich Ihre neuen Glaubenssätze, dann ist Ihnen der Erfolg gewiss.

Liebe Louise,
ich bin eine fünfunddreißigjährige Frau, die sich seit zehn Jahren ziemlich mühsam als freischaffende Künstlerin durchschlägt. Wenn ich zeichne und male, fühle ich mich lebendig, in fruchtbarem Austausch mit der Welt und im Einklang mit dem Universum. Doch bislang habe ich es mit meiner Kunst nur zu sehr bescheidenen Erfolgen gebracht. Um meinen Lebensunterhalt bestreiten zu können, habe ich schon diverse Nebenjobs annehmen müssen, vom Kellnern bis zu kirchlicher Sozialarbeit.

Obwohl ich diese Jobs ziemlich gut bewältige, habe ich doch zunehmend das Gefühl, dass mir durch sie viel zu wenig Zeit und Energie für meine Kunst übrig bleibt. Ich fange an, grundsätzlich an meinem Weg zu zweifeln. Manchmal überkommt mich Eifersucht auf jene, die den künstlerischen Erfolg bereits erreicht haben, den ich herbeisehne. Dann denke ich darüber nach, ob ich die Kunst nicht ganz aufgeben und mir einen traditionellen und einträglichen Job suchen soll. Doch ich glaube, wenn ich das täte, ginge zu viel von meiner Persönlichkeit verloren.

Was raten Sie mir?

Louises Antwort:
Eifersucht entsteht immer dann, wenn wir an Mangel glauben, daran, dass nicht genug für alle da ist. In Wahrheit ist das Leben aber Fülle, für uns selbst und alle anderen. Möglicherweise gibt es in Ihnen eine alte Stimme aus der Kindheit, die Ihnen immer wieder zuflüstert: »Künstler müssen ständig ums Überleben kämpfen. Was für eine dumme Idee, mit Kunst seinen Lebensunterhalt verdienen zu wollen! Du bist es nicht wert, Erfolg zu haben. Nur Männer können es im Kunstbetrieb zu etwas bringen. Das Leben ist schwer und du musst immer hart arbeiten und dich abmühen.«

Ich vermute, in Ihnen gibt es alte Programmierungen, die Ihrem Erfolg im Weg stehen. Nehmen Sie sich bitte ein paar Blatt Papier und notieren Sie, was Ihnen zu den folgenden Fragen in den Sinn kommt: wie ich über die Kunst denke; wie meine Eltern über die Kunst dachten; meine Glaubenssätze in Bezug auf Erfolg; Frauen; Selbstwert; Energie; Leistung. Formulieren Sie anschließend jede negative Aussage zu einer positiven Affirmation um.

Beenden Sie Ihren inneren Kampf. Entwickeln Sie die Bereitschaft, Ihr Leben so zu genießen, wie es gegenwärtig ist. Seien Sie dankbar für Ihre künstlerischen Talente. Das Universum liebt dankbare Menschen. Freuen Sie sich an den Erfolgen anderer. Machen Sie alles, was Sie tun, zu einem erfüllenden, schöpferischen Erlebnis. Lieben Sie sich selbst und lieben Sie Ihr Leben. Sie sind jetzt unterwegs zu Ihrer nächsten Entwicklungsstufe. Alles ist gut. Bejahen Sie: ICH VERKÖRPERE ERFOLG UND ICH GEDEIHE IN JEDER HINSICHT.

Ich habe immer alles, was ich brauche

Ich habe einen großen Schatz geerbt – die Liebe in meinem Herzen. Je mehr ich diesen Schatz mit anderen teile, desto reicher werde ich. Wohlstand beginnt damit, dass ich mich selbst mag. Wieviel Geld ich habe, spielt keine Rolle. Wenn ich mich selbst nicht mag, kann ich mich an meinem Geld nicht erfreuen, ganz egal wieviel ich davon besitze. Mein Haus, mein Auto, meine Kleidung, meine Freunde und mein Bankkonto spiegeln lediglich wider, was ich von mir selbst denke. Und wie auch immer meine momentane Situation aussehen mag, ich kann mein Denken verändern. Wahrer Wohlstand ist nie von einer Geldsumme abhängig, er ist ein geistiger Zustand. Mein Geist ist offen dafür, Wohlstand zu empfangen. Jeden Tag breite ich einmal die Arme aus und sage: »Ich bin offen und empfänglich für alle guten Dinge des Universums.«

Der Wohlstand ist fest
in meinem Bewusstsein
verankert.

Teil Zwei

Hoffnung geben,
Liebe finden

Ich öffne mich für alle Chancen und Freuden, die das neue Jahr mir bringt. Voller Liebe und Verständnis löse ich mich von der Vergangenheit. Vor mir öffnen sich die Tore der Zukunft und ich durchschreite sie mit Kraft, Optimismus und Entschlossenheit. Ich vertraue mich ganz dem Lauf des Lebens an und weiß, dass ich auf allen meinen Wegen sicher geführt werde.

WORTE DER HOFFNUNG

Vor mir liegt ein neues Jahr und eine neue Chance, mich selbst so zu akzeptieren und wertzuschätzen, wie ich bin.

WORTE DER LIEBE

Ich bin offen und empfangsbereit für alle heilenden Energien des Universums. Ich weiß, dass jede Zelle meines Körpers intelligent ist und sich selbst zu heilen vermag.

Ich heiße das Neue in meinem Leben willkommen und löse mich von Altem, Überlebtem. Ich weiß, dass sich alles in ständiger Veränderung befindet, und akzeptiere den Wandel als normalen und natürlichen Teil meines Lebens. In dieser Woche nehme ich mir vor, die Wunder dieser Jahreszeit angemessen zu würdigen und die Welt mit den Augen eines Kindes zu sehen. Alles ist neu, alles ist frisch. Hoffnung und Optimismus erfüllen mich.

WORTE DER HOFFNUNG

Der Kraftpunkt liegt immer in der Gegenwart. Ich beginne – jetzt sofort – damit, neue Horizonte für mich zu erschaffen.

WORTE DER LIEBE

Ich kritisiere mich selbst von nun an nicht mehr. Ich gebe stets mein Bestes. Ich liebe und beschütze mich jederzeit.

Ich gehe einer wunderbaren Zukunft entgegen. Von Woche zu Woche komme ich meinem neuen Selbst ein Stück näher. Meine höhere Kraft verleiht mir genügend Stehvermögen, um jeder neuen Herausforderung gewachsen zu sein. Liebevoll segne ich das, was hinter mir liegt, atme tief durch und strebe neuen Zielen zu.

WORTE DER HOFFNUNG

Ich habe immer genau das richtige Alter. In jeder Lebensphase erwarten mich neue Lektionen und neue Entwicklungschancen.

WORTE DER LIEBE

Ich genieße es, mich einfach und gesund zu ernähren. Nahrungsmittel, die meinem Körper gut tun, schmecken köstlich.

Ich bin stark! Ich habe eine Kraft in mir, die es mir ermöglicht, ein reiches, erfülltes Leben zu führen. Ich bin mit zahlreichen Talenten und Gaben gesegnet und es ist mein Recht, ihnen auf schöne und schöpferische Weise Ausdruck zu verleihen. Jeder Tag ist eine neue Gelegenheit, all das Wunderbare zu entdecken, das in mir steckt. Ich schenke der Welt meine Talente und von allen Seiten strömt mir der Erfolg zu. Ich verdiene es, das Leben zu führen, von dem ich immer geträumt habe.

WORTE DER HOFFNUNG

Wenn ein Problem auftaucht, sage ich mir sofort: »Aus dieser Situation wird nur Gutes entstehen. Alles regelt sich zum Wohle der Beteiligten.«

WORTE DER LIEBE

Ich bin ein wunderbarer Mensch und verdiene unendlich viel Liebe und Wertschätzung.

In dieser Woche umhülle ich meine Familie mit einem Mantel der Liebe – die, die leben, und die, die von uns gegangen sind. Ich bejahe und affirmiere wunderbare, harmonische gemeinsame Erlebnisse, die für uns alle auf einer tiefen Ebene sinnerfüllt sind. Ich empfinde es als großen Segen, Teil jenes zeitlosen Gewebes aus bedingungsloser Liebe zu sein, das uns alle miteinander verknüpft.

WORTE DER HOFFNUNG

Jeden Morgen erwache ich mit einem Lächeln auf den Lippen, im sicheren Wissen, dass mich eine wunderbare Zukunft erwartet. Ich zeige mich dankbar für alles, was das Leben mir schenkt.

WORTE DER LIEBE

Ich umgebe mich von jetzt an mit Freunden und Verwandten, deren Liebe, Ermutigung und positive Energie mein Leben bereichern.

Auch wenn draußen der kalte Winterwind weht, ist meine Herzensmitte stets warm und fließt über vor Liebe. So wie wir Wärme bei kalter Witterung ganz besonders zu schätzen wissen, so empfinden wir Liebe gerade in Zeiten des Wandels als besonders wohltuend. Ich öffne mein Herz und lasse die Liebe fließen.

WORTE DER HOFFNUNG

Ich weiß, dass ich meine Glaubenssätze jederzeit verändern kann. Ich bin nicht an alte Ideen und Denkweisen gefesselt.

WORTE DER LIEBE

Mehrmals täglich atme ich tief durch und sage: »Ich bin wach und aufmerksam.« Liebevolle Aufmerksamkeit verleiht mir die Kraft, mein Leben in die von mir gewünschte Richtung zu lenken.

In dieser Woche arbeite ich harmonisch mit dem Leben zusammen. Noch herrscht die Ruhe des Winters. Das Land ist still und ruhig. Die Teiche sind zugefroren. Doch ich weiß, dass das Leben unter der Oberfläche immer aktiv ist. Ich nutze diese Zeit der Stille, um in mich hineinzuschauen und meine innere Arbeit zu tun. Ich erforsche die Tiefen meines Herzens, meines Geistes und meiner Gefühle und erfreue mich an dem, was ich dort finde!

WORTE DER HOFFNUNG

Die negativen Botschaften und der Zynismus in den Massenmedien interessieren mich nicht. Ich halte nur nach positiven und inspirierenden Nachrichten Ausschau.

WORTE DER LIEBE

Ich mache mich nicht länger abhängig von ungesunden Menschen, Orten und Dingen. Ich reinige meinen Körper und meinen Geist, indem ich mir eine gesunde Dosis Selbstliebe und Selbstachtung verabreiche.

Ich bin der erfolgreiche Schöpfer meiner Welt. Mein Leben und alles darin ist das perfekte Abbild meines eigenen Bewusstseinszustandes. Ich danke mir für all das Gute, das ich erschaffen habe. Wenn es in meinem Leben Dinge gibt, die ich gerne ändern möchte, dann beginne ich damit, mein Denken zu ändern. Ich bin bereit, einschränkende, meine Entwicklung hemmende Denkweisen aufzugeben, und mache mir stattdessen neue Überzeugungen zu Eigen, die meine Selbstachtung und mein Selbstwertgefühl heben.

WORTE DER HOFFNUNG

Die dauerhafteste Beziehung in meinem Leben ist die Beziehung zu mir selbst. Der eine Mensch, mit dem ich ewig zusammen sein werde, bin ich selbst.

WORTE DER LIEBE

Ich vergebe allen Menschen, die mir je Schmerz zugefügt haben. Vergebung ist der Schlüssel zu einem Leben in Freude.

Ich weiß, dass es von meinem Bewusstsein abhängt, wie wohlhabend ich bin. Ich freue mich jedes Mal von Herzen, wenn ich Reichtum sehe, und schaffe geistig Raum dafür, dass Wohlstand in mein Leben strömen kann. Dankbar zu sein für das, was ich bereits besitze, bewirkt, dass ich mehr davon bekomme. Das trifft auch auf meine Talente und Fähigkeiten und auf meine Gesundheit zu. In dieser Woche nehme ich mir vor, überall Wohlstand zu sehen und mich daran zu freuen!

WORTE DER HOFFNUNG

Ich bin glücklich mit mir selbst und finde in mir Erfüllung, ganz gleich, ob ich gegenwärtig eine Liebesbeziehung, Kinder, viel Geld oder andere Dinge »habe«.

WORTE DER LIEBE

Ich sende Liebe in jene Teile meines Körpers, mit denen ich zurzeit nicht zufrieden bin. Ich liebe mich innen und außen.

Ich lasse die Stürme der Zeit an mir vorbeirauschen. Auch wenn mir der Wind gelegentlich ins Gesicht bläst, weiß ich doch, dass ich immer sicher und geborgen bin. Nichts kann mir Schaden zufügen, denn ich weiß, wer ich bin. Ich bin eins mit allem Lebendigen. Ich bin ein wunderbares, einzigartiges Wesen. Stille Freude erfüllt mich und ich besitze unerschütterliches Selbstvertrauen. Ich weiß und bekräftige jetzt, dass ich es verdiene, an allem teilzuhaben, was gut ist.

WORTE DER HOFFNUNG

Lachen und Fröhlichkeit spielen in meinem Leben eine wichtige Rolle. Ich schenke meinen Mitmenschen gerne mein Lachen.

WORTE DER LIEBE

Ich freue mich am Erfolg anderer, denn ich weiß, es ist mehr als genug für alle da.

In allen Dingen ist die stille Kraft der Natur am Werk – in vollkommener Harmonie. Auch wenn sich gegenwärtig im Äußeren vielleicht wenig verändert, weiß ich doch, dass das, was ich heute denke, über meine Zukunft entscheidet. Ich bin geistig und emotional bestens dafür gerüstet, mich eines reichen, liebevollen Daseins zu erfreuen. Ich beanspruche jetzt alles Gute, das das Leben für mich bereithält.

WORTE DER HOFFNUNG

Ich achte die Menschen aller Hautfarben, Kulturen und Religionen. Wir alle sind Reisegefährten auf diesem wunderbaren Planeten.

WORTE DER LIEBE

Ich höre anderen aufmerksam zu. Ihre Gedanken und Ansichten sind ebenso wichtig wie meine.

In dieser Woche entscheide ich mich bewusst dafür, mich gut zu fühlen. Mein Denken stärkt meine Selbstachtung und mein Selbstvertrauen. Wenn die Lage schwierig wird, sage ich mir sofort: »Alles wird gut werden. Ich bin stets sicher und geborgen. In meiner Welt herrschen Frieden und Harmonie.« Ich sorge stets gut für mich selbst.

WORTE DER HOFFNUNG

Ich denke darüber nach, wie ich einen Beitrag zur Heilung unseres Planeten leisten kann, und unternehme dann konkrekte Schritte in diese Richtung.

WORTE DER LIEBE

Jedes Mal wenn ich in den Spiegel schaue, gebe ich mir selbst eine positive Rückmeldung, indem ich zum Beispiel sage: »Du bist wunderbar«, »Ich liebe dich«, oder: »Es ist schön, dass es dich gibt!«

Nun, wo es auf den Frühling zugeht, bin ich offen und empfangsbereit für die heilenden Energien des Universums. Ich weiß, dass jede Zelle meines Körpers intelligent ist und über Selbstheilungskräfte verfügt. Mein Körper strebt immer nach einem perfekten Gesundheitszustand und ich löse mich jetzt von allen negativen Denkmustern, die mein körperliches Wohlbefinden beeinträchtigen. Ich bin dankbar für die gute Gesundheit, der ich mich in der Vergangenheit erfreuen konnte, und im Hier und Jetzt nehme ich Heilung und gute Gesundheit voller Dankbarkeit an.

WORTE DER HOFFNUNG

Ich meditiere regelmäßig, um mit meinem höheren Selbst in Verbindung zu treten. Während meiner Meditationen spüre ich tiefen Frieden und nehme dieses Gefühl mit in den Alltag.

WORTE DER LIEBE

Es macht mir Freude, meinen Mitmenschen gegenüber freundlich und hilfsbereit zu sein, ohne dafür eine Gegenleistung zu erwarten.

Die ersten Zeichen des Frühlings erinnern mich daran, die Wunder der Natur wahrzunehmen und wertzuschätzen. Ich lausche voller Freude den Liedern der Vögel, staune über die ersten Tulpen und freue mich über die wärmenden Sonnenstrahlen. Mit allen Sinnen nehme ich die Schönheit der Natur in mich auf.

WORTE DER HOFFNUNG

Wohlstand aller Art fließt mir zu. Ich bin offen und empfangsbereit für neue Quellen des Reichtums.

WORTE DER LIEBE

Jene Macht, von der die Welt erschaffen wurde, lässt mein Herz schlagen und meine Lunge atmen. Ich bin eins mit allem Leben.

Überall sehe ich positive Möglichkeiten. Mein Geist ist eine wunderbare und unbesiegbare Macht. Neue, positive Gedanken beginnen in mir aufzublühen. Ich weiß, dass ich meinen Geist in jede gewünschte Bahn lenken kann. Ich meistere mein Schicksal und fühle mich gesegnet.

WORTE DER HOFFNUNG

Die so genannten schmerzlichen Augenblicke in meinem Leben sind einzigartige Gelegenheiten, mich weiterzuentwickeln und tiefere Einsichten zu gewinnen.

WORTE DER LIEBE

Liebevoll segne ich alles in meiner Welt – meine Arbeit, mein Zuhause, meine Freunde, meine Haustiere, die Nahrung, die ich esse – einfach alles!

Das Leben ist reich und voller Wunder! Es ist Fülle und Überfluss! Und ich bin ein Teil dieses Reichtums. Ich öffne mein Herz, ich öffne meinen Geist, und ich erkläre: »Ich habe jetzt Anteil an der überreichen Fülle dieses Universums!« Ich lasse es zu, dass dieser Gedanke mich ganz und gar durchdringt und sich fest in meinem Bewusstsein verankert. Ich mache ihn zu einem persönlichen Gesetz und erlebe, wie mein Leben sich dadurch auf wunderbare Weise wandelt und verbessert.

WORTE DER HOFFNUNG

Ich bin in allen Bereichen meines Lebens schöpferisch. Meiner Kreativität sind keine Grenzen gesetzt.

WORTE DER LIEBE

Liebevoll und achtsam trainiere ich meinen Körper und halte ihn in Schwung, ohne ihn zu überfordern.

Ich achte sorgfältig auf meine Gedanken und Worte. Ich weiß, viele Menschen neigen dazu, das Leben in einem negativen Licht zu sehen. Doch statt zu sagen: »O nein, was für ein scheußlicher Regentag!«, genügt oft schon eine kleine Änderung der Wahrnehmung, um stattdessen festzustellen: »Oh, wie gut es ist, dass es heute regnet. Die Bäume und Blumen freuen sich über das Wasser!« In dieser Woche konzentriere ich mich bewusst darauf, meine alten, negativen Ansichten durch neue, optimistische zu ersetzen.

WORTE DER HOFFNUNG

Als Mitarbeiter bin ich gut gelaunt und fleißig. Als Vorgesetzter bin ich geduldig und taktvoll.

WORTE DER LIEBE

Ich vergesse nie, den Menschen in meiner Umgebung meine Dankbarkeit zu zeigen. Ich weiß ihre Zuneigung zu schätzen und halte nichts, was sie für mich tun, einfach für selbstverständlich.

Der Frühling ist die beste Zeit, um Hausputz zu halten und mein Leben von überflüssig gewordenem Ballast zu befreien. Ich strahle Freude und Liebe aus und staune, wie dadurch auf wunderbare Weise neue Schönheit in mein Leben einzieht. Ich bin großzügig und bereit zu geben. Die ganze Welt ist meine Familie. Mein Leben ist ein Garten, der durch positive Gedanken blüht und gedeiht.

WORTE DER HOFFNUNG

Mein Zuhause ist ein schöner und friedvoller Ort. Ich statte es so aus, dass ich mich darin wohl fühle und glücklich bin.

WORTE DER LIEBE

Unsere zwischenmenschlichen Beziehungen sind immer Spiegel, in denen wir Aspekte unserer selbst erkennen können.

In dieser Woche werde ich mich frisch und voller Tatendrang fühlen! Voller Freude sehe ich die Natur ringsum sprießen und gedeihen. Meine Gedanken sind wahrhaft schöpferisch. Die Schönheit und Magie meiner positiven neuen Lebenserfahrungen erfüllen mich mit Freude. Ich vertraue dem Universum und lasse mich von den vielen Wundern, die ich in der Welt sehe, inspirieren.

WORTE DER HOFFNUNG

Ich ziehe jetzt neue Menschen in mein Leben, die warmherzig, hilfsbereit, intelligent und humorvoll sind.

WORTE DER LIEBE

Mein inneres Kind ist glücklich und zufrieden. Ich umsorge es liebevoll, spiele gerne mit ihm und sende ihm trostreiche, freundliche Gedanken.

Wir sind hier, um unsere Bestimmung zu erfüllen. Was ist unsere Bestimmung? Wer sind Sie und welche besonderen Gaben können Sie der Welt schenken? Sie sind ein göttlicher Ausdruck des Lebens und der Sinn Ihres Daseins besteht darin, einen positiven, wertvollen Beitrag zu leisten. Ihre angeborenen Begabungen und Fähigkeiten sind ein Hinweis auf Ihre Bestimmung. Kultivieren Sie das Gute in Ihnen und lassen Sie andere großzügig daran teilhaben. Auf diese Weise helfen Sie bei der Heilung des Planeten mit.

WORTE DER HOFFNUNG

Alles, was ich visualisieren, mir also lebhaft bildlich vorstellen kann, kann ich in meinem Leben erschaffen.

WORTE DER LIEBE

Liebe ist die beste Medizin. Mich selbst und andere zu lieben, kann wahre Wunder wirken.

In dieser Woche gelange ich zu einer klaren Vision meiner Zukunft, sehe meine Bestimmung deutlich vor mir. Mein inneres Wissen führt mich stets auf gute Wege, sodass immer bestens für mich gesorgt ist. Ich nehme Verbindung zu der Unendlichkeit des Lebens auf, wo alles vollkommen, heil und erfüllt ist. In dieser sich unaufhörlich verändernden Welt bleibe ich in meiner Mitte geborgen. Ich beginne jetzt damit, das Gute in allen Menschen und Dingen zu sehen.

WORTE DER HOFFNUNG

Jeder Mensch hier auf der Erde lebt sein eigenes, persönliches Drama. Ich empfinde Mitgefühl, kein Mitleid für jene, die obdachlos, behindert, arm oder in anderer Weise leidgeprüft sind. Ich helfe, wo ich kann.

WORTE DER LIEBE

Ich bin auf diesen Planeten gekommen, um zu lernen, dass nur die Liebe zählt. Allein auf die Liebe kommt es an.

Ich mache mir in dieser Zeit bewusst, dass sich die Natur in einem unendlichen Reichtum an Formen, Farben und Bewegungen entfaltet. Ich bin ein Teil der Natur; daher entfalte auch ich mich farbenreich und schön. Meine Möglichkeiten sind unendlich und spektakulär. In diesem unendlichen Universum stehen mir alle Türen weit offen.

WORTE DER HOFFNUNG

Mein Geist ist ein machtvolles Werkzeug, das ich auf jede gewünschte Art gebrauchen kann. Ich entscheide mich dafür, es zum Wohle aller Menschen in meiner Welt zu nutzen, einschließlich mir selbst.

WORTE DER LIEBE

Alle Leute, die mir in meinem Leben wertvolle Dienste leisten – Handwerker, Versicherungsagenten, Händler usw. –, sind ehrlich und freundlich. Ich behandle sie liebevoll und mit Respekt und sie behandeln mich ebenso.

Ich arbeite nun schon eine ganze Welle an der Vervollkommnung meiner geistigen Fähigkeiten. Überall blüht Leben auf. Die Bäume sind grün und die Luft ist warm. Alles wird neu und ich spüre in mir die tiefe Gewissheit, dass ich eine vitale, liebevolle, freudige Verkörperung des Lebensprinzips bin.

WORTE DER HOFFNUNG

Ich sende den einflussreichen Politikern dieser Welt meine Liebe. Mögen alle ihre Handlungen dem Wohl der Menschheit dienen.

WORTE DER LIEBE

Liebevoll spreche ich mit den Pflanzen in meiner Wohnung, meinem Büro und meinem Garten, in dem Wissen, dass sie dank meiner Fürsorge bestens wachsen und gedeihen.

Es ist an der Zeit, dass wir alle gemeinsam daran arbeiten, diese Welt zu einem harmonischeren und liebevolleren Ort zu machen. Wir werden enorm davon profitieren, wenn wir künftig statt auf Konkurrenz auf Kooperation setzen. Zusammenarbeit ist von unendlichem Nutzen, denn auf diese Weise kann der Erfolg eines Menschen allen zugute kommen. Wir müssen lernen, bei unseren persönlichen Bestrebungen immer das Wohl aller im Auge zu behalten. Die Freude eines einzelnen Menschen ist Freude für uns alle. Der Schmerz, den ein einzelner Mensch erleiden muss, verletzt uns alle.

WORTE DER HOFFNUNG

Ich akzeptiere meine eigenen sexuellen Bedürfnisse ebenso wie die meiner Mitmenschen. Heterosexuelle, Homosexuelle, Bisexuelle, Menschen, die auf Sex verzichten – sie alle verdienen Liebe und Respekt!

WORTE DER LIEBE

Mein Partner/meine Partnerin versteht mich vollkommen. Wir sind in allen Lebensbereichen in Harmonie und wir sprechen auf offene, tolerante Weise miteinander. Mit jedem neuen Tag wächst unsere Liebe.

In dieser Woche mache ich mir die Schönheit meiner Seele bewusst. Obgleich ich einen äußeren Körper und eine Persönlichkeit besitze, weiß ich doch, dass meine Seele das Zentrum meines Seins ist. Meine Seele ist jener Teil von mir, der ewig ist – der immer war und immer sein wird. Meine Seele ist unverletzlich und unzerstörbar. Und durch jede Erfahrung, die ich im Leben mache, wird sie reicher.

WORTE DER HOFFNUNG

Jetzt mache ich einmal einen geistigen Hausputz, befreie mich von alten, negativen Mustern, sodass neue, hoffnungsvolle Gedanken hereinströmen können.

WORTE DER LIEBE

Ich sage stets die Wahrheit. Jede Lüge ist eine negative Botschaft, die den freien Fluss der Liebe in meinem Leben behindert. Daher verzichte ich darauf, mich hinter Unwahrheiten zu verstecken.

Ich achte darauf, dass es in meinem Leben genug Raum für Erholung und Entspannung gibt. Ein gutes Buch zu lesen ist eine wunderbare Art, sich zu erholen. Bücher bereichern mein Leben und nähren meine Seele. In der örtlichen Buchhandlung oder Bibliothek finde ich die zu meiner jeweiligen Stimmung passende Lektüre. Bücher, die mir Freude bereitet haben, empfehle ich weiter, sodass ich mit meinen Freunden anregende Gespräche darüber führen kann. Lesen ist immer ein großes Vergnügen!

WORTE DER HOFFNUNG

Ich achte darauf, was ich denke, während ich Auto fahre oder arbeite. Alle negativen Gedanken, die dabei auftauchen, verwandle ich sofort in positive. Dadurch verändert mein Leben sich spürbar zum Besseren.

WORTE DER LIEBE

Schönheit inspiriert und erfrischt mich. Ich nehme mir jeden Tag die Zeit, die Schönheit einer Blume, eines Baumes oder des Sonnenuntergangs zu genießen. Schönheit weckt die Liebe in mir.

Ich freue mich an meiner Freiheit. Ich weiß, dass ich jetzt, in diesem Augenblick, mit allem, was in mir ist, göttlich bin. Ich bin frei, in meinem Leben alle Erfahrungen zu machen, die ich mir wünsche. Darum entscheide ich mich bewusst, das Licht zu erfahren. Ich strebe stets danach, Frieden und Freude zu erfahren und anderen Frieden und Freude zu schenken. Das Licht der Liebe erhellt alle meine Wege. Es steht mir hier und jetzt frei, glücklich zu sein.

WORTE DER HOFFNUNG

Ich bin bereit, mich von all jenen Denkmustern und Gewohnheiten zu lösen, die Schmerz hervorrufen. Ich kann mein Leben positiv verändern – jetzt sofort fange ich damit an!

WORTE DER LIEBE

Ich achte stets auf mein Äußeres, trage Kleidung, in der ich mich wohl fühle und die mir gut steht, und habe eine schöne Frisur. Meine äußere Erscheinung spiegelt die Liebe wider, die ich für mich empfinde.

Wie erfolgreich Sie im Leben sind, hängt entscheidend davon ab, was Sie von sich selbst denken. Wenn Sie sich lieben und akzeptieren und sich als wertvollen Menschen betrachten, schicken Sie dem Universum damit eine sehr machtvolle Botschaft. Diese Botschaft besagt: »Ich bin ein wertvolles und wichtiges Individuum. Ich verdiene es, mit Achtung und Anstand behandelt zu werden!« So werden Sie Menschen und Situationen anziehen, die Ihr hohes Selbstwertgefühl reflektieren.

WORTE DER HOFFNUNG

Ich erkenne, dass das Universum eine kosmische Macht ist, die alles Gute erschafft. Ich verbinde mich jetzt mit dieser Macht und spüre, wie sie mich immer und überall durchströmt.

WORTE DER LIEBE

Stets sehe ich nur Gutes in anderen Menschen und ich helfe ihnen, so weit ich kann, das Beste aus sich zu machen.

In dieser Woche achte ich einmal ganz besonders auf meinen inneren Dialog. Wenn ich merke, dass ich mich selbst schlecht mache oder kritisiere, erkenne ich, dass es sich dabei um alte Muster aus meiner Kindheit handelt. Sofort spreche ich dann liebevoll und tröstend zu meinem inneren Kind. Statt mich mit Selbstvorwürfen zu quälen, stärke ich mein Selbstvertrauen, indem ich mich lobe und ermutige.

WORTE DER HOFFNUNG

Moderne elektronische Geräte sind kein Problem für mich. Es macht mir Spaß, mich mit der Bedienung meines neuen Computers, Videorekorders oder CD-Players vertraut zu machen. Wenn ich allein nicht zurechtkomme, bitte ich andere um Hilfe.

WORTE DER LIEBE

Ich vergesse nie, mich bei Arbeitskollegen zu bedanken, wenn sie mir helfen und etwas für mich tun. Ein Wort der Anerkennung kann einem Menschen den Tag erhellen!

Die Freuden des Sommers sind es wert, dass ich sie wirklich genieße. Man kann jetzt so viel Spaß haben! Ich lache, singe, tanze und spiele. Ich lasse meiner Kreativität freien Lauf. Ich grille zusammen mit Freunden und gehe schwimmen. Ich lasse Drachen steigen, unternehme Bootsausflüge und wandere. Ich genieße von Herzen die vielen Wunder des Lebens. Ich segne alles, was ist.

WORTE DER HOFFNUNG

Wenn ich beschließe, den Arbeitsplatz zu wechseln, segne ich meinen gegenwärtigen Job liebevoll und in dem Wissen, dass eine dafür ideal geeignete Person meinen Platz einnehmen wird und dass auch ich eine ideale neue Arbeitsstelle finden werde.

WORTE DER LIEBE

Wenn ich mich depressiv oder einsam fühle, ein Suchtproblem habe oder einfach die Kameradschaft anderer Menschen benötige, die nach mehr Lebensqualität streben, schließe ich mich einer entsprechenden Selbsthilfegruppe an. Die Hilfe und Unterstützung anderer zu suchen und anzunehmen, zeugt von persönlicher Stärke.

Zwischen Arbeit und Freizeit herrscht in meinem Leben ein ausgewogenes Verhältnis. Es fällt mir leicht, die Dinge auch einmal ruhig anzugehen und mir eine Pause zu gönnen. So gebe ich dem Universum die Gelegenheit, mich in solchen Ruhephasen mit neuen Einsichten und Inspirationen zu versorgen. Diese Art zu leben ist mir inzwischen regelrecht zur zweiten Natur geworden. Entspannt und voller Freude vertraue ich mich dem Fluss des Lebens an.

WORTE DER HOFFNUNG

Meine Beziehungen und Freundschaften ermöglichen es mir, mehr über mich selbst herauszufinden und mich weiterzuentwickeln. Die Bereitschaft, von meinen Mitmenschen zu lernen, schenkt mir Kraft und Hoffnung.

WORTE DER LIEBE

Wenn ich wütend auf jemanden bin, dann teile ich ihm oder ihr meine Gefühle offen und ruhig mit. Wenn ich andere Menschen attackiere, bewirkt das nur, dass sie sich verteidigen und abschotten. Liebevolle Offenheit dagegen schafft Verständnis.

Ich bin in meinem Geist der einzige Denker. Ich wähle meine Gedanken selbst. Ich kann Wohlstands-Gedanken wählen oder Armuts-Gedanken. Gedanken an Wohlstand und Fülle ziehen Erfolg nach sich, während Gedanken an Armut und Mangel Beschränkungen und Leid hervorbringen. Ich weiß, dass wahrer Wohlstand nicht nur darin besteht, über genug Geld zu verfügen. Er bedeutet auch, gesund zu sein, liebevolle Beziehungen und eine erfüllende Arbeit zu haben und sich spirituell weiterzuentwickeln.

WORTE DER HOFFNUNG

Ich bin wie eine junge Birke, biege mich leicht und geschmeidig und passe mich mühelos an neue Herausforderungen an. So wie es angenehmer ist, einen beweglichen, elastischen Körper zu besitzen, ist es auch angenehmer, wenn der Geist beweglich und elastisch ist.

WORTE DER LIEBE

Geist und Körper sind bei mir im Gleichgewicht. Leicht und mühelos halte ich mein persönliches Idealgewicht, denn ich liebe meinen Körper so, wie er ist.

Jeden Tag mache ich mir neu bewusst, wie herausfordernd und erfüllend meine Arbeit ist. Immer wieder segne ich liebevoll meine momentane berufliche Situation. Ich denke daran, dass es in meinem Körper Millionen von Zellen gibt, die rund um die Uhr unermüdlich ihre wunderbare, geheimnisvolle Arbeit tun und mich so am Leben erhalten. So wie sie ihre Aufgaben erfüllen, erfülle auch ich die Aufgaben, die das Leben an mich stellt.

WORTE DER HOFFNUNG

Andere Menschen suchen meine Gesellschaft. Ich schenke anderen Freude, bin ein guter Zuhörer, ein mitfühlender Freund und ein vertrauenswürdiger Partner. Ich bin eine Quelle der Hoffnung für meine Umgebung.

WORTE DER LIEBE

Wenn ich mich in einer leidvollen Beziehung befinde, die meine Lebensqualität auf die Dauer beeinträchtigt, finde ich die Kraft, diesen Menschen gehen zu lassen. Ich vergebe ihm oder ihr und löse mich aus der Abhängigkeit von dieser Person.

Gelegentlich, wenn ich Kinder auf dem Weg zur Schule sehe, erinnere ich mich an meine eigene Kindheit und Jugend. Ich denke an die Zeit zurück, als ich als kleines Kind ängstlich und aufgeregt meinem ersten Schultag entgegensah, und muss dabei lächeln. Innerlich umarme ich dieses kleine Kind liebevoll und sage ihm, dass es ganz in Ordnung ist, in einem solchen Moment ängstlich und unruhig zu sein. Heute helfe ich den Kindern in meiner Umgebung, ihre Ängste zu überwinden und mit freudiger Erwartung jedes neue Schuljahr zu beginnen.

WORTE DER HOFFNUNG

Jeden Tag visualisiere ich meine Welt als friedvoll, schön und heil. Ich stelle mir klar und deutlich bildhaft vor, dass es für alle Menschen genügend Nahrung, Kleidung und Wohnraum gibt.

WORTE DER LIEBE

Ich kommuniziere liebevoll mit meinen Haustieren und sie teilen mir mit, wie ich sie glücklich machen kann. Alle Kinder Gottes – Menschen und Tiere gleichermaßen – verdienen das Beste.

Etwas Neues liegt in der Luft. Wenn ich meditiere, atme ich tief die Intelligenz des Lebens ein und atme alle Anspannung und Furcht aus. Die Schule des Lebens bringt mir tiefe Erfüllung. Ich schärfe meine Bewusstheit, indem ich stets die göttliche Kraft in mir und um mich spüre. Jeder Tag bringt mir neue Erfahrungen und Chancen, denn ich lebe im Jetzt.

WORTE DER HOFFNUNG

Ich habe alle Zeit der Welt. Ich habe genug Zeit für alle Aufgaben, die ich in dieser Woche erledigen muss. Ich bin stark, denn ich lebe ganz in der Gegenwart.

WORTE DER LIEBE

Ich weiß, dass ich die Antwort auf viele Fragen, die sich mir im Leben stellen, buchstäblich im Schlaf finden kann. Abends vor dem Einschlafen konzentriere ich mich auf liebevolle Gedanken und lege so das Fundament für die Arbeit, die in meinen nächtlichen Träumen geschieht.

Das Leben hält eine Vielzahl von Erfahrungen für uns bereit. Jeder von uns weiß, wie es sich anfühlt, wenn wir einen scheinbaren Misserfolg erleiden. Von Zeit zu Zeit machen uns alle Rückschläge und Verzögerungen zu schaffen. Nehmen wir jedoch gegenüber solchen Erfahrungen eine Haltung ein, die es uns ermöglicht, aus ihnen zu lernen und sie für unsere Weiterentwicklung zu nutzen, dann tragen sie langfristig sehr viel zu unserem Wohlergehen bei. Sagen Sie sich: »Alle meine Erfahrungen sind wichtige Schritte auf meinem Weg zu Glück und Erfolg.«

WORTE DER HOFFNUNG

Was ich anderen gebe, kehrt vermehrt wieder zu mir zurück. Was ich über mich selbst glaube, verwirklicht sich in meinem Leben. Ich vertraue mir und ich vertraue dem Leben.

WORTE DER LIEBE

Liebevoll segne ich alle meine Rechnungen. Ich weiß, jede Rechnung, die ich erhalte, ist Beweis dafür, dass jemand Vertrauen hat in meine Fähigkeit, Geld zu verdienen.

Wenn wir nachts träumen, finden oft wichtige innere Klärungsprozesse statt. Ich weiß, dass ich darum bitten kann, im Traum Hilfe bei Problemen zu erhalten, die mir gerade zu schaffen machen. Vor dem Einschlafen stelle ich eine Frage, auf die ich gerne eine Antwort hätte, und wenn ich aufwache, ist die Antwort da. Jeden Morgen danke ich für meinen behüteten Schlaf und die vielen Segnungen in meinem Leben.

WORTE DER HOFFNUNG

Das Alter ist für mich keine Last, sondern Chance und Herausforderung. Es gibt für alte Menschen unzählige Möglichkeiten, einen positiven Beitrag zum Leben zu leisten. Die Welt braucht die Weisheit und das Urteilsvermögen reifer, lebenserfahrener Menschen. Auch wenn ich alt werde, wird man weiter mit mir rechnen können und müssen.

WORTE DER LIEBE

Ich genieße Essen und Trinken vernünftig und in Maßen. Ich brauche keinen Alkohol, um zu feiern und fröhlich zu sein. Wenn ich doch einmal vorhabe, etwas zu trinken, richte ich es so ein, dass ich anschließend nicht Auto fahren muss.

Immer wieder nehme ich mir die Zeit, innere Einkehr zu halten, und meinen Geist dabei von Negativität, Pessimismus und Zweifeln zu reinigen. Ich kann das alles aus meinem Denken verbannen und stattdessen positive Energie, Hoffnung und Optimismus zum Ziel meiner Konzentration machen. Das ist gar nicht schwierig. Gedanken lassen sich immer verändern. Ich freue mich auf alles Schöne, das ich in dieser Woche erlebe, und weiß, dass ich durch jede neue Erfahrung dazulerne und mich weiterentwickle.

WORTE DER HOFFNUNG

Ich bin ein kostbares, seltenes Juwel mit einzigartigen Talenten und Fähigkeiten. Statt zu versuchen, andere nachzuahmen, freue ich mich an meiner Individualität.

WORTE DER LIEBE

Als allein erziehende Mutter/allein erziehender Vater meistere ich die Herausforderungen meines Alltags mit Geduld und Hingabe. Ich schenke meinen Kindern Liebe, und sie erwidern diese Liebe. Unser Verhältnis ist gut und harmonisch.

Die Gesetze des Universums sind einfach: Ich säe, was ich ernte. Ich lerne jetzt, dass ich mich bewusst und tief empfunden mit glücklichen Gedanken der Fülle identifizieren muss, wenn ich eine reiche Ernte an glücklichen, erfüllenden, befriedigenden Erlebnissen einfahren möchte. Jeden Tag beginne ich damit, dass ich tiefe Dankbarkeit für alles empfinde, womit das Leben mich beschenkt.

WORTE DER HOFFNUNG

Ich spare mir Glück und Zufriedenheit nicht auf, bis ich die richtige Arbeit oder die richtige Beziehung gefunden und genug Geld verdient habe. Ich bin glücklich im Hier und Jetzt und ich unternehme, was nötig ist, um mein Leben noch reicher und schöner zu gestalten.

WORTE DER LIEBE

Engel sind spezielle Beschützer des Lichts, die mir jederzeit beistehen. Ich rufe meine Engel herbei, wenn ich sie brauche, und bitte sie um ihre liebevolle Führung.

Jeder Mensch verdient es, einer beruflichen Tätigkeit nachzugehen, die er wirklich liebt. Wenn wir tun, was wir lieben, empfinden wir es nicht als Mühe oder Arbeit. Tun Sie das, was Sie lieben? Falls nicht, was würden Sie gerne tun? Welche Art von Arbeit würden Sie wirklich spannend und aufregend finden? Menschen, denen ihre Arbeit Freude macht, sind produktiver und leisten mehr. Wenn Sie sich Ihrer Arbeit mit Leidenschaft widmen, werden Sie durch Erfolge belohnt. Wenn es das Berufsbild, das Sie sich wünschen, noch nicht gibt, erfinden Sie es eben neu, seien Sie kreativ! »Die Karriere, die es mir ermöglicht, das zu tun, was mir Freude macht, entfaltet sich vor mir auf hoffnungsvolle Weise.«

WORTE DER HOFFNUNG

Musik ist ein wunderbarer Bestandteil meines täglichen Lebens. Ich höre Musik, die Balsam für meine Seele ist. Ich singe gerne laut und fröhlich unter der Dusche, im Auto oder gemeinsam mit anderen.

WORTE DER LIEBE

Ich weiß, dass ich andere nur lieben kann, wenn ich mich selbst liebe. Wenn ich wirklich lerne, mich zu lieben, werde ich auch lernen, andere zu lieben, und dann werden sie diese Liebe erwidern.

In dieser Woche sehe ich alles um mich herum besonders klar und bewusst. Ich denke immer daran, dass es für jedes Problem eine Lösung gibt. Weil ich jede Situation auf diese Weise betrachte, weiß ich, dass alle momentanen Schwierigkeiten vorübergehen. Ich bin bereit, die jeweilige Lektion zu lernen, und öffne mich für alle guten Dinge, die das Universum mir zu bieten hat. Alles ist gut in meiner Welt.

WORTE DER HOFFNUNG

Ich schaffe mir mein eigenes Sicherheitsbewusstsein, das ich überallhin mitnehme, welches Verkehrsmittel ich auch benutze. Ich bin stets sicher und geborgen.

WORTE DER LIEBE

Wenn ich ein Zimmer betrete, bringe ich Stärke, Freude, Mitgefühl und Sinn für Schönheit mit. Andere Menschen finden mich anziehend und liebenswert.

Die Zeit, wenn die bunten Blätter von den Bäumen fallen, ist eine gute Gelegenheit, sich von altem, überlebtem Ballast zu befreien. Dadurch fühle ich mich belebt und energetisiert. Diese Kraft kann ich nutzen, um Arbeiten in Haus und Garten zu erledigen, mich um meine Korrespondenz zu kümmern und allgemein in meinem Leben für Ordnung zu sorgen. Wenn meine persönlichen Dinge gut geordnet sind, gibt es weniger Probleme, und ich fühle mich stark, handlungsfähig und zuversichtlich.

WORTE DER HOFFNUNG

Ich schreibe auf, welche Gedanken und Gefühle mir zum Thema Tod in den Sinn kommen, um herauszufinden, ob ich gegenüber dem Sterben eine negative Haltung einnehme. Den Tod zu fürchten, beeinträchtigt das Leben. Wenn ich mich von der Angst vor dem Tod befreie, kann ich angstfrei leben.

WORTE DER LIEBE

Ich lobe meine Kinder oft und sage ihnen, wie gerne ich sie mag und wie sehr sie mein Leben bereichern. Wenn ich sie ermahne oder ihnen etwas verbiete, geschieht das mit Nachdruck und Sanftheit, ohne dass ich sie kritisiere oder ihnen Vorwürfe mache.

Die unendliche Weisheit des Universums wohnt in den Herzen aller Menschen, auch in meinem. Ich schiebe alle belastenden, beunruhigenden Gedanken sanft beseite und konzentriere mich ganz auf die Schönheit des ewigen Jetzt. Ich sehe das Licht. Ich sehe die Fülle. Ich spüre die Liebe. Ich fühle mich unendlich dankbar und wahrhaft gesegnet.

WORTE DER HOFFNUNG

Das Leben spiegelt alle meine Gedanken wider. Solange ich mein Denken positiv ausrichte, wird das Leben mir nur gute Erfahrungen bescheren.

WORTE DER LIEBE

Ich achte darauf, was ich esse und wie ich mich nach dem Essen fühle. Ich esse Nahrungsmittel, die mir Energie geben, und meide Speisen, nach deren Verzehr ich mich müde und träge fühle.

Wer wirklichen Erfolg erleben möchte, sollte auf den eigenen Bewusstseinszustand achten. Freuen Sie sich, wenn Ihnen bei anderen Glück und Erfolg begegnen, und schaffen Sie in Ihrem Leben geistig dafür Raum. Wenn Sie dankbar sind für das, was Sie jetzt schon haben, werden Sie mehr davon bekommen. Gönnen Sie anderen ihren Erfolg und machen Sie sich stets bewusst, dass genug für alle da ist. Sagen Sie sich: »Ich bin dankbar für alles Gute in meinem Leben.«

WORTE DER HOFFNUNG

Ich bin vom Leben begeistert. Energie und Optimismus durchströmen mich und ich bin eine Quelle der Inspiration und Ermutigung für andere.

WORTE DER LIEBE

Welchen Herausforderungen ich mich auch gegenübersehen mag, ich weiß, dass ich in der Mitte meines Seins geborgen, heil und ewig bin.

Ich folge meiner inneren Stimme. So weiß ich, dass ich stets zur rechten Zeit am rechten Ort bin, und tue, was für mich richtig ist. Ich übernehme ernsthaft Verantwortung für mich und andere und bin doch gerne fröhlich und ausgelassen. Auch wenn ich ernsthaft und verantwortungsbewusst arbeite, nehme ich mir immer noch genügend Zeit für Erholung und Geselligkeit. Wenn ich meiner inneren Führung folge, kann ich mit Gelassenheit alle Herausforderungen bewältigen.

WORTE DER HOFFNUNG

Ich weiß es zu schätzen, wenn ich Zeit für mich selbst habe, und genieße die angenehmen Seiten des Alleinseins. Ich nutze diese Zeit, um zu meditieren, Briefe zu schreiben und mich kreativ zu betätigen.

WORTE DER LIEBE

Während ich meinen Alltagsaktivitäten nachgehe, vergesse ich nie zu lächeln. Ich weiß, dass ein warmherziges Lächeln einem anderen den Tag erhellen kann!

Jeder Tag meines Lebens ist reich an Wundern, die mich mit tiefer Dankbarkeit erfüllen. Ich nehme freudig und dankbar all das Gute an, womit mich das Leben beschenkt. Ich vertraue jederzeit darauf, dass das Universum mich mit allem versorgt, das ich brauche, um ein glückliches, zufriedenes Leben führen zu können. Ich zeige meine Dankbarkeit jeden Tag und nehme nichts als selbstverständlich hin.

WORTE DER HOFFNUNG

Wenigstens einmal im Jahr nehme ich mir die Zeit für einen wunderschönen Urlaub. Ich plane ihn sorgfältig, sodass ich genug Geld übrig habe, um mir in dieser Zeit etwas wirklich Schönes zu gönnen. Ich mache daraus eine großartige, wundervolle Erfahrung!

WORTE DER LIEBE

Ich habe eine wunderbare romantische Liebesbeziehung. Die Unterschiede zwischen meiner Partnerin/meinem Partner und mir helfen uns beiden, unser Bewusstsein zu erweitern. Wir behandeln einander liebevoll, denn wir wissen, dass wir beide geliebte Kinder des einen unendlichen Universums sind.

Ich spüre stetige Geborgenheit, fühle mich genährt und getragen von der Liebe des Universums. Mein Herz ist offen für die göttliche Kraft, die sich in allen Formen des Lebens ausdrückt. Menschen aller Hautfarben, Homosexuelle und Heterosexuelle, Menschen meines Alters und Menschen, die älter oder jünger als ich sind, sie alle sind meine Freunde. Ich öffne mein Herz für alle Menschen, sodass die Macht der Freundschaft alle Unterschiede überwindet.

WORTE DER HOFFNUNG

Wenn mich etwas bedrückt, bitte ich meine Freunde und meine Familie um Hilfe und Unterstützung. Umgekehrt bin auch ich für sie da, wenn sie mich brauchen.

WORTE DER LIEBE

Ich liebe meine Arbeit. Ich danke jeden Tag dafür, dass ich tun kann, was mir Freude macht, mit Menschen zusammenarbeite, die mich stimulieren, damit gutes Geld verdiene und das Leben genießen kann. Das Leben ist gut!

Nehmen Sie sich Menschen zum Vorbild, deren positive Eigenschaften Sie bewundern. Halten Sie bewusst nach Menschen Ausschau, die liebevoll, erfolgreich und wohlhabend sind, und lassen Sie sich von ihnen inspirieren. Beobachten Sie sie, lernen Sie von ihnen und machen Sie sich klar, dass die gleichen bewundernswerten Eigenschaften auch in Ihnen selbst existieren. Ein wertvoller Schatz wartet in Ihrem Inneren darauf, dass Sie ihn entdecken und ans Licht bringen. Konzentrieren Sie sich auf Ihre Talente, Leistungen und Triumphe, dann wird Ihr Selbstvertrauen Sie emportragen! Sie sind ein Erfolg! »Ich bin ein Geschenk für das Universum und das Universum beschenkt mich mit einem reichen und erfüllten Leben.«

WORTE DER HOFFNUNG

Ich konzentriere mich auf positive Gedanken, denn ich weiß, dass die Gedanken, die ich denke, und die Worte, die ich spreche, meine Zukunft erschaffen.

WORTE DER LIEBE

Ab heute bin ich mir selbst gegenüber immer freundlich und sanft, was auch geschieht. Jeder Fehler, der mir unterläuft, ist eine Gelegenheit, mich von einem alten, negativen Glaubenssatz zu befreien.

Ich freue mich an der Schönheit des Winters. Je nachdem, wo ich lebe, kann ich mich jetzt im Schnee vergnügen oder bei langen Spaziergängen die kalte, klare Luft genießen. Weihnachten kommt langsam näher, eine Zeit, wo die ganze Welt gemeinsam feiert und gute Energie das ganze universale Bewusstsein erfüllt. Das Leben ist wunderbar!

WORTE DER HOFFNUNG

Wenn es notwendig ist, dass ich mir von jemandem Geld leihe, dann zahle ich meine Schuld in einer angemessenen Frist zurück, ohne dass man mich dazu auffordern muss. Wenn ich die Möglichkeit habe, einem anderen Menschen zu helfen, dann helfe ich.

WORTE DER LIEBE

Ich habe einen großen Schatz geerbt – die Liebe in meinem Herzen. Je mehr ich diesen Schatz mit anderen teile, desto reicher werde ich.

Liebe ist das Geschenk, das ich mir selbst und der Welt in dieser Woche mache. Ich öffne mein Herz und teile die heilkräftigste aller Gaben mit meiner Familie und meinen Freunden: Liebe heilt. Lasst uns gemeinsam eine Welt erschaffen, in der wir einander gefahrlos lieben können.

WORTE DER HOFFNUNG

Ich vergleiche mich nicht mit anderen Menschen, denn das bewirkt nur, dass ich mich überlegen oder unterlegen fühle. Stattdessen wende ich mich nach innen und nehme Verbindung mit dem »Ewigen Einen« auf, das ich bin und das wir alle sind.

WORTE DER LIEBE

Ich liebe und schätze alle Teile meines Körpers. Mein Körper ist ein Tempel, dem ich während meines ganzen Lebens meine Achtung und Ehre erweise, indem ich gut für ihn sorge.

Jeden Tag verwende ich etwas Zeit darauf, mir unter Einsatz meiner ganzen Kreativität lebhaft vorzustellen, dass wir die ökologischen Wunden der Erde heilen und eine friedliche Welt erschaffen. Ich male mir genau aus, wie ich mir diese positive, frohe Zukunft der Menschheit vorstelle. Diese Zukunft ist möglich. Alles kann gut werden, wenn immer mehr Menschen fest an die Verwirklichung dieser Idee glauben und sich aktiv dafür einsetzen.

WORTE DER HOFFNUNG

Immer wenn ich mich einer schwierigen Entscheidung gegenübersehe, finde ich mit Leichtigkeit eine Antwort und weiß sofort, was zu tun ist.

WORTE DER LIEBE

Ich liebe meinen Nächsten *wie mich selbst.* Wenn ich nach diesem Gebot lebe, entwickeln sich alle Dinge auf bestmögliche Weise.

Weihnachten ist die beste Zeit, um für die unzähligen Gaben zu danken, mit denen das Universum mich beschenkt. Am besten danke ich für all dieses Gute, indem ich meiner Familie, meinen Freunden und mir selbst Geschenke der Liebe mache. Gemeinsam können wir die Freude und den Frieden des Weihnachtsfests nutzen, um einander näher zu kommen, uns besser zu verstehen und uns gegenseitig Kraft und Hoffnung zu geben für das künftige neue Jahr.

WORTE DER HOFFNUNG

Wir leben in einer Zeit des Lernens und der Heilung. Ich bin offen und bereit für die wunderbaren Veränderungen, die auf diesem Planeten stattfinden. Ich bin ein offenes Gefäß für die Liebe.

WORTE DER LIEBE

Ich sehe, wie alle Menschen auf der Erde ihre Herzen und Sinne öffnen und gemeinsam an der Erschaffung einer Welt arbeiten, in der wir einander gefahrlos lieben können. Und das alles beginnt *jetzt,* beginnt *bei mir*!

Teil Drei

Liebevolle Gedanken für wachsenden Wohlstand

Heute

… entscheide ich mich dafür,
Wohlstand in mein Leben
zu ziehen.

Heute

… akzeptiere ich ein Leben,
das reich an Belohnung
und Erfüllung ist.

Heute

… ist alles, was ich beginne,
ein Erfolg.

Heute

… kann ich dankbar
Geschenke annehmen.

Heute

… erschaffe ich mir ein gutes
Leben, weil ich ein
solches verdiene.

Heute

… lasse ich zu,
dass Wohlstand auf neue
Weise in mein Leben
treten kann.

Heute

… erfreue ich mich an der
Fülle des Lebens und bin
dankbar für alles,
was ich habe.

Heute

… vertraue ich darauf,
dass das Leben mich mit
allem versorgt,
was ich brauche.

Heute

… werden mir unerwartet
und überraschend reiche
Segnungen zuteil.

Heute

… werden alle meine
Bedürfnisse und Wünsche
erfüllt, noch ehe ich
darum bitte.

Heute

… lasse ich zu,
dass mein Einkommen
stetig wächst.

Heute

… öffne ich mich für die
Reichtümer im Ozean
des Lebens.

Heute

… werden meine Bedürfnisse
vom Leben großzügig
befriedigt.

Heute

… ist es mein Geburtsrecht,
teilzuhaben an der Fülle
und dem Reichtum
dieser Welt.

Heute

… ist mein Reichtum
grenzenlos.

Heute

… bin ich offen
und empfangsbereit für
neue Einkommensquellen.

Heute

… kommt mein Gutes von
überall her, von allem
und jedem.

Heute

… bin ich offen für alle
meine Möglichkeiten.
Ich verdiene das Beste
im Leben.

Heute

… schützt und erhält mich
das Universum auf allen
meinen Wegen.

Heute

… nehme ich mit Freude
und Dankbarkeit
alles Gute an, das mir
das Leben bietet.

Heute

… sind meine Gedanken
auf Wohlstand gerichtet
und Wohlstand
wird folgen.

Heute

… befreie ich mich vom
Glauben an Mangel und
zweifle nicht länger an
meinen Fähigkeiten.

Heute

… beginnt eine neue Zeit
des Wohlstands und
der Sicherheit.

Heute

… lasse ich Wohlstand
und Glück in mein Leben.

Heute

… segne ich meine
Rechnungen liebevoll und
bezahle sie freudig.

Heute

… bin ich sicher und
geborgen und habe
genug Geld.

Heute

… danke ich für alles Gute
und allen Reichtum in
meinen Leben.

Heute

… öffnen sich mir
neue Türen.

Heute

… ist mein Leben reich an Wundern.

Heute

… ist alles gut in meiner
reichen Welt.

Liebevolle Gedanken
für einen perfekten Tag

Heute

… beginnt mein Tag
mit Dankbarkeit
und Freude.

Heute

… bin ich bereit, mich
von allen negativen
Glaubenssätzen zu
befreien, und lasse
zu, dass meine tiefere
Weisheit sich mir
offenbart.

Heute

… öffne ich
eine neue Tür
der Erkenntnis.

Heute

… bin ich eifrig bestrebt,
meine Einsicht
und Erkenntnis
zu vertiefen.

Heute

… gibt es für mich
jeden Tag etwas
Neues zu lernen.

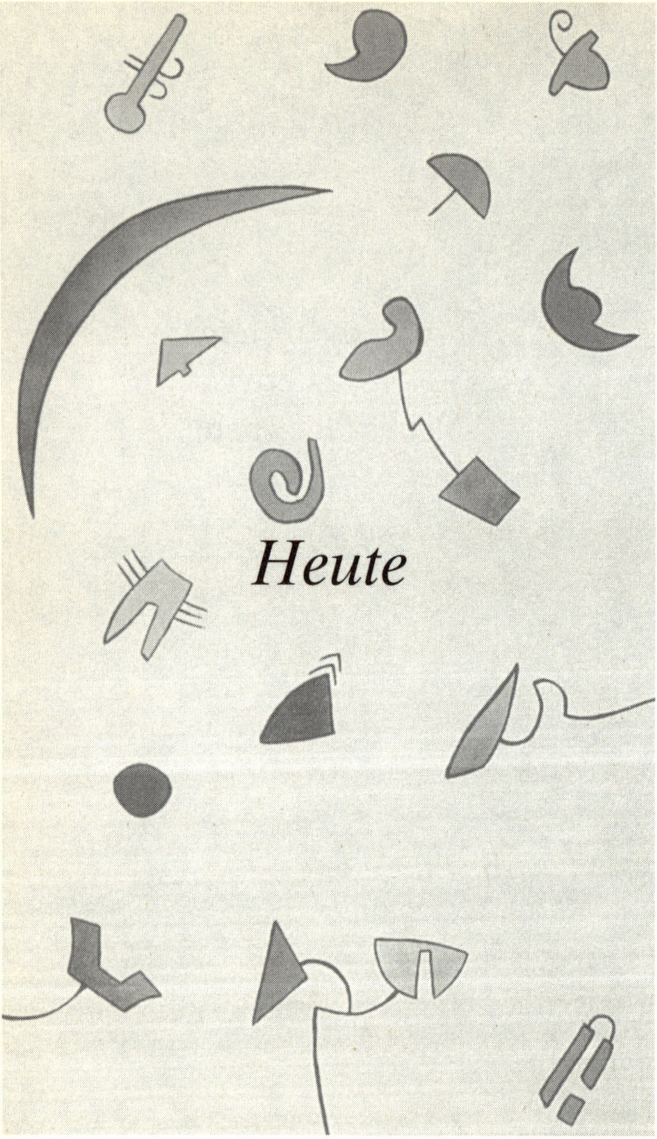

Heute

… entscheide ich mich
für Gedanken,
die stärkend
und hilfreich sind.

Heute

… finde ich
Geborgenheit
in allen Lebenslagen,
indem ich immer
ganz ich selbst bin.

Heute

… entspanne ich mich.
Ich weiß, ich bin stets
zur rechten Zeit am
rechten Ort und
handle immer richtig.

Heute

… steht mir alle
Weisheit des
Universums
zur Verfügung.

Heute

… werden alle meine
Bedürfnisse erfüllt
und alle meine
Fragen beantwortet.

Heute

… kann ich ganz auf
meine Intelligenz,
meinen Mut und
meine persönliche
Kraft vertrauen.

Heute

… ruhe ich ganz
in Weisheit und
Wahrheit.

Heute

… weiß ich, dass alles
in meinem Leben
immer zum richtigen
Zeitpunkt und am
richtigen Ort
geschieht.

Heute

… öffnet sich mir eine
neue Tür zu
Selbstachtung und
Selbstvertrauen.

Heute

… wird mein Leben
schöner.

Heute

… akzeptiere ich liebevoll meine eigenen Entscheidungen, denn ich weiß, dass ich immer die Freiheit habe, mich zu verändern.

Heute

… schreite ich mit
Vertrauen und
Leichtigkeit voran.

Heute

… vertraue ich darauf,
dass die göttliche
Weisheit und
Führung mich
beschützen.

Heute

… lausche ich auf mein
inneres Selbst und
erhalte von dort die
Antworten, die ich
brauche.

Heute

… sehe ich in mir ein
wunderbares Wesen,
das sehr weise und
schön ist.

Heute

… wird mir alles
enthüllt, was ich
wissen muss.

Heute

… löse ich mich von
dem Bedürfnis,
mir selbst oder
anderen Menschen
Vorwürfe zu machen.

Heute

… werde ich sicher
geführt, sodass ich
die richtigen
Entscheidungen
treffe.

Heute

… fallen Gewohnheiten
und Glaubenssätze
von mir ab, die nicht
länger meinem
Wohlergehen dienen.

Heute

… meint es das Leben
gut mit mir und
bringt mir nur
positive Erlebnisse.

Heute

… finde ich heraus,
wie kraftvoll und
reich an Talenten
ich bin.

Heute

… finde ich in mir
die Kraft für positive
Veränderungen.

Heute

… wächst meine
Selbstachtung.

Literaturempfehlungen

Benson, Herbert: *Gesund im Streß. Eine Anleitung zur Entspannungsreaktion.* Ullstein, Berlin 1978

Blum, Jeanne E.: *Chinesische Medizin für Frauen.* Falken, Niedernhausen 1998

Borysenko, Joan: *Feuer in der Seele.* Bauer, Freiburg 1996

Borysenko, Joan: *Das Buch der Weiblichkeit.* Kösel, München 1998

Bradshaw, John: *Das Kind in uns.* Kösel, München 1994

Brinkley, Dannion; Perry, Paul: *Zurück ins Leben.* Droemer Knaur, München 1994

Davis, Phyllis K.: *Die Kraft der Berührung.* Waldthausen, Ritterhude 1994

Dean, Amy E.: *Ruhe finden. Tägliche Meditationen für alle, die sich vom Druck des Alltags befreien wollen.* Scherz, München 1996

DeAngelis, Barbara: *Wie viele Frösche muß ich küssen? So finden Sie den richtigen Mann.* Heyne, München 1996

Diamond, Harvey und Marilyn: *Fit fürs Leben. Gesund und schlank ein Leben lang.* Goldmann, München 1998

Diamond, Harvey und Marilyn: *Fit fürs Leben. Das Kochbuch.* Goldmann, München 1998

Dyer, Wayne: *Mut zum Glück. So überwinden Sie Ihre inneren Grenzen.* Rowohlt, Reinbek 1997

Dyer, Wayne: *Wirkliche Wunder. Wie man scheinbar Unmögliches vollbringt.* Rowohlt, Reinbek 1995

Gawain, Shakti: *Gesund denken. Kreativ visualisieren.* Heyne, München 1994

Gawain, Shakti: *Die vier Stufen der Heilung.* Heyne, München 1998

Jampolsky, Gerald: *Lieben heißt, die Angst verlieren.* Goldmann, München 1996

Jeffers, Susan: *Selbstvertrauen gewinnen. Die Angst vor der Angst verlieren.* Kösel, München 1998

LeShan, Lawrence: *Vom Sinn des Meditierens.* Herder, Freiburg 1997

McDonald, John: *Die Botschaft eines Meisters.* Lüchow, Freiburg 1997

Moody, Raymond: *Leben nach dem Tod.* Rowohlt, Reinbek 1977

Morgan, Marlo: *Traumfänger. Die Reise einer Frau in die Welt der Aborigines.* Goldmann, München 1995

Myss, Caroline: *Geistkörper-Anatomie. Die sieben Zentren von Kraft und Heilung.* Droemer Knaur, München 1997

Northrup, Christiane: *Frauenkörper, Frauenweisheit. Bewußt leben, ganzheitlich heilen.* Zabert Sandmann, München 1994

Norwood, Robin: *Wenn Frauen zu sehr lieben. Die heimliche Sucht, gebraucht zu werden.* Rowohlt, Reinbek 1986

Redfield, James: *Die Prophezeiungen von Celestine.* Heyne, München 1996

Rinpoche, Sogyal: *Das Tibetische Buch vom Leben und Sterben.* Scherz, München 1997

Robbins, John: *Ernährung für ein neues Jahrtausend.* Nietsch, Freiburg 1995

Sheehy, Gail: *In der Mitte des Lebens. Die Bewältigung vorhersehbarer Krisen.* Droemer Knaur, München 1992

Siegel, Bernie: *Mit der Seele heilen.* Econ, München 1995

Siegel, Bernie: *Prognose Hoffnung. Liebe, Medizin und Wunder.* Econ, München 1998

Steinem, Gloria: *Was heißt schon emanzipiert? Meine Suche nach einem neuen Feminismus.* Hoffmann und Campe, Hamburg 1993

Williamson, Marianne: *Frausein als Weg. Die Wiederentdeckung des Weiblichen.* Goldmann, München 1995

Williamson, Marianne: *Rückkehr zur Liebe.* Goldmann, München 1996

Yogananda, Paramahansa: *Autobiographie eines Yogi.* Droemer Knaur, München 1992

Hilfe zur Selbsthilfe: Adressen

Informationen über Selbsthilfegruppen und andere Hilfsangebote in Ihrer Nähe erhalten Sie in der Regel bei den örtlichen Kirchengemeinden oder in den Büros der Wohlfahrtsverbände (in Deutschland z. B. Caritas, Diakonisches Werk, Arbeiterwohlfahrt).
Damit eine rasche Orientierung auch für diejenigen möglich ist, die erstmalig den Kontakt zu einer Selbsthilfegruppe suchen, gibt es NAKOS, die Internationale Kontakt- und Informationsstelle zur Anregung und Unterstützung von Selbsthilfegruppen. NAKOS ist eine Einrichtung der Deutschen Arbeitsgemeinschaft Selbsthilfegruppen und soll als zentrale Anlaufstelle dienen, um Betroffenen den Weg dorthin zu weisen, wo Hilfe zur Selbsthilfe für sie organisiert ist.

NAKOS – Internationale
Kontakt- und Informationsstelle
zur Anregung und Unterstützung
von Selbsthilfegruppen
Albert-Achilles-Straße 65
D-10709 Berlin
Tel. 0 30-8 91 40 19
www.nakos.de

Deutsche Arbeitsgemeinschaft
Selbsthilfegruppen
Friedrichstraße 33
D-35392 Gießen
Tel. 06 41-7 45 03

Bundesarbeitsgemeinschaft
Hilfe für Behinderte
Kirchfeldstraße 149
D-40215 Düsseldorf
Tel. 02 11-3 10 06-0

Al-Anon Familiengruppen-
Interessengemeinschaft e. V.
Emilienstraße 4
D-45128 Essen
Tel. 02 01-77 30 07
(Zentralbüro, bei dem Adressen
örtlicher Al-Anon-Gruppen
erfragt werden können)

AIDS:
Deutsche Aids-Hilfe
Dieffenbachstraße 33
D-10967 Berlin
Tel. 0 30-69 00 87-0

ALKOHOL:
Anonyme Alkoholiker
Interessengemeinschaft
Lotte-Branz-Straße 14
D-80939 München
Tel. 0 89-3 16 43 43

ANOREXIE, BULIMIE:
Aktionskreis Ess- und Magersucht Cinderella
Westendstraße 35
D-80339 München
Tel. 0 89-5 02 12 12

DROGEN:
Bundesverband der Elternkreise drogengefährdeter und drogenabhängiger Jugendlicher
Köthener Straße 38
D-10963 Berlin
Tel. 0 30-5 56 70 20

KREBS:
Deutsche Krebshilfe
Thomas-Mann-Straße 40
D-53004 Bonn
Tel. 02 28-7 29 90-0
Fax 02 28-7 29 90-11

Förderkreis Krebskranke Kinder
Büchsenstraße 22
D-70174 Stuttgart
Tel. 07 11-29 73 56
Fax 07 11-29 40 91

SCHULDEN:
Bundesarbeitsgemeinschaft
Schuldnerberatung
Wilhelmstraße 11
D-34117 Kassel
Tel. 05 61-77 10 93

SPIELSUCHT:
Aktion Glücksspiel
Venloer Straße 865
D-50827 Köln
Tel. 01 71-8 34 89 85

SUCHT:
Hilfe zur Selbsthilfe Suchtkranker und Suchtgefährdeter
Schubertstraße 17
D-69214 Eppelheim
Tel. 0 62 21-76 76 55

Kreuzbund
Selbsthilfe- und Helfergemeinschaft für Suchtkranke und deren Angehörige
Münsterstraße 25
D-59065 Hamm
Tel. 0 23 81-6 72 72-0

Telefon-Notruf für Suchtgefährdete
Tal 19
D-80331 München
Notrufnummer 0 89-28 28 22
Tel. 0 89-22 28 22
Fax 0 89-22 50 96